Eva-Maria Schwarz

Methode 55

Leadgenerierung Reloaded: Automatisierung, KI-Nutzung und neue Denkweisen

IMPRESSUM

1. Auflage

ISBN: 9798870064864

Coverdesign: Maria Huber
Lektorat: Unterstützung von Kathrin Schmoll

Verlag: Independently published by Eva-Maria Schwarz

Bibliografische Information Der Deutschen Nationalbibliothek

Die Deutsche Nationalbibliothek verzeichnet diese Publikation in der Deutschen Nationalbibliografie. Detailierte bibliografische Daten sind im Internet über http://dnb.d-nb.de abrufbar.

Inhaltsverzeichnis

Die Autorin Eva-Maria Schwarz verfügt über langjährige B2B-Vertriebserfahrung in der Softwarebranche und hat ein BWL-Studium absolviert. Ihre Leidenschaft liegt darin, neue Menschen kennenzulernen und deren Geschichten zu erfahren. Mit ihrem fachlichen Hintergrund und ihrer offenen, empathischen Art vermittelt sie gerne komplexe Themen auf verständliche Weise. Sie möchte ihre Leserinnen und Leser motivieren, ihr volles Potenzial auszuschöpfen und eigene Erfolgsgeschichten im Vertrieb zu schreiben.

"In Kontakten und Verbindungen liegt der Reichtum des Lebens."

KAPITEL 1

SALE-SPIRATION: VERTRIEB IM WANDEL - INSPIRATION STATT PROBLEMLÖSER

In diesem Buch teile ich meine Vertriebserfahrungen und auch manche Geheimnisse mit Ihnen. Sie erhalten einen Leitfaden, der Ihnen die Nutzung verschiedener B2B-Vertriebsmöglichkeiten ermöglicht und dabei hilft, Kosten einzusparen.

Unabhängig davon, ob Sie ein Startup gründen oder ein etabliertes Unternehmen leiten, werden Ihnen die vorgestellten Strategien dabei helfen, potenzielle Kunden effektiv zu identifizieren, anzusprechen und zu gewinnen.

Das erwartet Sie unter anderem in diesem Buch:

- Die Wichtigkeit einer gezielten Leadgenerierungsstrategie,
- Effektive Methoden zur Identifizierung und Ansprache potenzieller Kunden,
- Techniken zur Automatisierung, die Kosten senken,
- Lead-Nurturing-Strategien,
- Die Integration von Technologie und Datenanalyse,
- Anregungen und Denkanstöße für eine frische Perspektive im Vertrieb.

Ich stelle Ihnen verschiedene Ansätze zur Leadgenerierung und diverse Blickwinkel auf Vertriebsstrategien vor. Dabei ist zu beachten, dass nicht jeder dieser Ansätze mit jeder Unternehmensphilosophie oder den individuellen Unternehmenswerten in Einklang steht. Daher überlasse ich es jedem einzelnen Leser, den Weg zu wählen, der am besten zu seinem Unternehmen passt.

Meine Herangehensweise ist bewusst so gestaltet, dass Leadgenerierung und Vertrieb untrennbar miteinander verbunden sind. Ich will das Klischee nicht weiterführen, dass Vertriebler nur "warme" Leads abwickeln und isoliert arbeiten. Stattdessen sollten wir aktiv und gewinnorientiert denken, ohne uns ausschließlich auf prozessorientierte Ansätze zu verlassen. Der moderne Vertrieb hat sich verändert – weg vom simplen Produktverkauf hin zur Lösung von Problemen und letztendlich zur Inspiration.

In einer Zeit, in der der Vertrieb immer mehr zur Kunst der Begeisterung wird, wäre meine Empfehlung, sich auf Personen zu konzentrieren, die einen umfassenden Blick auf Leadgenerierung, Vertrieb und Marketing haben und aktiv an ihrer Weiterentwicklung arbeiten. Der Verkauf allein reicht in vielen Branchen nicht mehr aus. Stattdessen sollten wir uns fragen, wo Unternehmen in fünf Jahren stehen werden, wenn sie Ihr Produkt nutzen.

In meinem Buch werden Sie keine überladenen Floskeln oder unverständlichen Abkürzungen finden. Stattdessen präsentiere ich klare und praxisnahe Lösungen. Mein Ziel ist es, den Lesern einen frischen Blick auf den Vertrieb zu ermöglichen und Unternehmen zu ermutigen, neue Ansätze zu verfolgen. Vertrieb ist mehr als nur der Abschluss eines Geschäfts; es ist eine strategische Methode, um langfristige, profitable Beziehungen zu Kunden aufzubauen, den Unternehmenswert zu steigern und die Wettbewerbsfähigkeit zu erhöhen. Ich möchte den Vertrieb umfassend betrachten und dabei auf den Wert von Emotionen und direktem Kontakt hinweisen. Erfahren Sie in den kommenden Kapiteln mehr darüber.

KAPITEL 2

WARUM ICH MEINE VERTRIEBSGEHEIMNISSE PREISGEBE

Ich habe seit meinem Studium in einigen Start-ups aber auch etablierten Unternehmen gearbeitet. Oftmals hat man sich externe Beratung hinzugeholt. Das Wissen aus diesen externen Impulsen und meinen beruflichen Erfahrungen habe ich gesammelt und niedergeschrieben. Während dieser Zeit habe ich erkannt, dass es oft an konkreten und praktischen Informationsquellen mangelt, die Unternehmen dabei unterstützen, effektive Strategien zur Leadgenerierung zu entwickeln und umzusetzen.

Hätte ich zu Beginn meiner Karriere ein Buch zur Hand gehabt, das mir konkrete Anleitungen, bewährte Methoden und hilfreiche Tipps geboten hätte, hätte ich viel Zeit und Energie sparen können. Aus diesem Grund habe ich mich dazu entschlossen, ein Buch über diese Themen zu schreiben. Mein Buch soll ein praktischer Leitfaden sein, der Anderen dabei hilft, den Prozess der Leadgenerierung effizienter zu gestalten und wertvolle Zeit zu sparen.

Als Vertrieblerin bin ich immer daran interessiert, neue Kontakte zu knüpfen und mein Netzwerk zu erweitern. Mein Buch über Leadgenerierung bietet die Möglichkeit, mein Wissen und meine Erfahrungen mit Anderen zu teilen und ihnen dabei zu helfen, ihre eigenen Netzwerke auszubauen. Ich möchte anderen helfen, erfolgreiche Vertriebsstrategien zu entwickeln und neue Kontakte zu gewinnen, indem ich praxisnahe Empfehlungen und bewährte Methoden zur Verfügung stelle.

Ich glaube zudem fest daran, dass die Leadgenerierung ein entscheidender Faktor für den Erfolg eines Unternehmens ist. Durch meine eigenen Erfahrungen habe ich erkannt, wie wichtig es ist, kontinuierlich neue Vertriebsmöglichkeiten zu identifizieren und zu nutzen. Selbstverständlich habe ich deswegen auch meine jüngsten Erfahrungen in Bezug auf Künstliche Intelligenz (KI) mit reingenommen. KI, die vielen Menschen aktuell noch Unbehagen bereitet, bietet tatsächlich zahlreiche Chancen, auch im Vertrieb. Ohne Frage habe ich auch als Autorin diese Hilfe genutzt. Die neue digitale Intelligenz ist eine wahnsinnige Stütze im Bereich Prozessoptimierung, als Inputgeber und schließlich um Kosten zu sparen. Und darf deswegen auch hier nicht fehlen.

Mein Buch soll als Impulsgeber dienen, um den Lesern neue Perspektiven zu eröffnen und sie dazu inspirieren, über den Tellerrand hinauszuschauen. Es soll ihnen helfen, innovative Ansätze zu entdecken und ihr Potenzial zur Generierung qualifizierter Leads voll auszuschöpfen.

Viel Freude beim Lesen und viel Erfolg!

Kontaktieren Sie mich gern für Fragen, Anregungen und Feedback: eva@salessuccess.info

KAPITEL 3

LEADGENERIERUNG - LOS GEHT´S!

Leads zu generieren bedeutet, potenzielle Kunden zu identifizieren und für sich zu gewinnen. Potenzielle Kunden sind Menschen, die Interesse an den Produkten oder Dienstleistungen Ihres Unternehmens gezeigt haben.

Bestimmte Merkmale oder Verhaltensweisen weisen auf das potenzielle Interesse dieser Menschen hin: Sie haben beispielsweise Anfrageformulare ausgefüllt, eBooks heruntergeladen oder Ihren Newsletter abonniert.

Das Hauptziel der Leadgenerierung besteht darin, „qualifizierte Leads" zu generieren. Das bedeutet, Kunden zu identifizieren und zu gewinnen, die ein erhöhtes Interesse haben und sehr wahrscheinlich zahlende Kunden werden.

Aus Leads werden zahlende Kunden!

Um Kundeninteresse zu wecken, werden verschiedene Taktiken eingesetzt. Die Erstellung ansprechender Inhalte, die Bereitstellung relevanter Informationen, das Angebot kostenloser Ressourcen und die Durchführung von Werbeaktionen und noch viele Wege und Methoden mehr sollen die potenziellen Kunden ermutigen, ihre Kontaktdaten zu hinterlassen. So entsteht ein „Lead" (Datensatz).

Sobald ein Lead generiert wurde, wird dieser in der Regel in eine Kundenbeziehungsmanagement-Software (CRM) eingetragen. Die Daten werden verfolgt, qualifiziert und im Folgenden gezielte Marketing- und Vertriebsaktivitäten durchgeführt, um diesen Lead in zahlende Kunden zu verwandeln. Das klingt trocken und einfach – und lebt doch von Ihrem Engagement, Wissen und Wollen: Die Vielfalt an Möglichkeiten, den Leadgenerierungsprozess zu optimieren, zu vereinfachen und zu beleben können Sie in diesem Buch kennenlernen.

KAPITEL 4

ZIELGRUPPENANALYSE - DIE KUNDEN: DIE WAHREN STARS IN UNSEREM VERTRIEBSZIRKUS

Fangen wir beim Kunden an. Um qualifizierte Leads zu generieren, muss Ihnen klar sein, um welche Menschen es geht, die zu zahlenden Kunden Ihres Unternehmens werden könnten und sollen. Die Zielgruppenanalyse sorgt für ein besseres Kennenlernen und Verstehen Ihrer potenziellen Kunden – und ist somit ein essenzielles Tool für den Vertrieb, um effektive Verkaufsstrategien entwickeln zu können.

Ziel einer gründlichen Zielgruppenanalyse ist es, Ihre Bemühungen und Maßnahmen gezielt auf die Bedürfnisse, Vorlieben und Verhaltensweisen der Zielgruppe auszurichten. Sie sammeln Informationen über demografische Merkmale, Kaufverhalten, Interessen und andere relevante Faktoren. Anhand dieser können Sie dann die Kundenansprache personalisieren, überzeugende Argumente entwickeln und so letztendlich den Verkaufserfolg steigern.

Zielgruppe analysieren in 6 Schritten
Die Zielgruppenanalyse ist ein unverzichtbares Instrument, um den Vertriebsprozess effizienter zu gestalten und eine langfristige

Kundenbindung aufzubauen. Gehen Sie am besten Schritt für Schritt vor:

Der erste Schritt besteht darin, die Zielgruppe klar zu definieren: Sie legen relevante Kriterien fest, wie demografische Merkmale (Alter, Geschlecht, Einkommen), geografische Lage, Branchenzugehörigkeit, Unternehmensgröße, Jobtitel oder spezifische Interessen.

Sie sammeln Daten über die Zielgruppe, um eine fundierte Analyse durchführen zu können. Das können interne Daten aus Ihrem eigenen Unternehmen sein, zum Beispiel Kundendatenbanken, Verkaufszahlen oder Kundenumfragen. Auch externe Quellen wie Marktforschungsberichte, Studien, soziale Medien oder Online-Analysen können Ihnen dazu wertvolle Informationen liefern.

Die gesammelten Daten werden analysiert, um Muster, Trends und Zusammenhänge zu erkennen. Dabei können Ihnen statistische Methoden wie Segmentierung, Cluster-Analyse oder Regression helfen, um Gruppen mit ähnlichen Merkmalen oder Verhaltensweisen zu identifizieren.

Basierend auf den Ergebnissen der Datenanalyse erstellen Sie dann ein detailliertes Kundenprofil. Je nach Komplexität und Vielfalt der Zielgruppe kann es zudem sinnvoll sein, diese in Segmente/Untergruppen aufzuteilen. So werden eine gezieltere Ansprache und individuellere Verkaufsstrategien für jede Untergruppe möglich.

Auf Grundlage der Zielgruppenanalyse können Sie dann gezielte Marketing- und Vertriebsstrategien entwickeln. Sie kennen Ihre „besten Kunden" und erstellen jetzt Ihren Aktionsplan: Sie wählen die geeigneten Kanäle, erstellen personalisierte Botschaften, entwickeln passende Angebote – und legen so Ihre entsprechenden Vertriebsziele fest.

Die Zielgruppenanalyse ist kein einmaliger Prozess, sondern sollte regelmäßig aktualisiert werden: Verhalten und Bedürfnisse der Kunden können sich ja im Laufe der Zeit ändern. Daher ist es wichtig, dass Sie Ihre Zielgruppenanalyse kontinuierlich prüfen bzw. wiederholen und bei Bedarf anpassen.

Es zeigt sich: Eine gründliche Zielgruppenanalyse bringt einen hohen Zeitaufwand mit sich – und ist Ihn wert. Sie liefert wertvolle Informationen, die Ihnen dabei helfen werden, ihre Kunden besser zu verstehen, Ihre Vertriebsaktivitäten zielgerichtet und effektiv zu gestalten und zahlende und zufriedene Kunden zu gewinnen.

DAS ARCHEMODELL

Bei der Zielgruppenanalyse darf meiner Meinung nach das Archemodell nicht fehlen! Das Archetypenmodell ist ein psychologisches Konzept, das vom Schweizer Psychiater Carl Gustav Jung entwickelt wurde. Es geht davon aus, dass es in der menschlichen Psyche tief verwurzelte und universelle Muster gibt, die sich in verschiedenen Kulturen und Gesellschaften wiederfinden. Diese Muster werden als "Archetypen" bezeichnet.

Archetypen sind sozusagen grundlegende Bausteine des menschlichen Bewusstseins. Sie repräsentieren urtümliche Vorstellungen, Symbole und Verhaltensweisen, die in der kollektiven menschlichen Psyche existieren. Jung identifizierte zahlreiche Archetypen, von denen einige der Bekanntesten sind:

1. Der Held: Dieser Archetyp steht für den Wunsch nach Erfolg, Mut und das Überwinden von Hindernissen. Der Held wird oft mit Abenteuern und siegreichen Bestrebungen in Verbindung gebracht.

2. Die Mutterfigur: Dieser Archetyp verkörpert das Prinzip der Fürsorge, der Nährenden und Beschützenden. Die Mutterfigur steht auch für Geborgenheit und Trost.

3. Der Weise Alte: Dieser Archetyp repräsentiert Weisheit, Wissen und spirituelle Führung. Er symbolisiert Erfahrung und Einsicht.

Das Archetypenmodell dient dazu, die menschliche Psyche besser zu verstehen und zu erklären. Es findet Anwendung in verschiedenen Bereichen, darunter Psychologie, Literatur, Mythologie und Traumanalyse. Durch die Identifizierung von Archetypen in Geschichten, Träumen oder Verhalten können Psychologen und Forscher tiefere Einblicke in die Funktionsweise des menschlichen Bewusstseins gewinnen.

Was will ich damit sagen?

Die Idee hinter der Anwendung von Archetypen in diesen Bereichen besteht darin, menschliche Motivationen, Wünsche und Verhaltensweisen besser zu verstehen, um in unserem Fall effektivere Marketingstrategien und Vertriebsansätze zu entwickeln.

Hier sind einige Beispiele:

Der Held: In Marketingkampagnen können Unternehmen den Held-Archetyp nutzen, um ihre Produkte oder Dienstleistungen als Lösungen für Probleme oder Herausforderungen darzustellen, die ihre Kunden bewältigen müssen. Dies kann dazu beitragen, eine emotionale Verbindung zwischen Kunden und Marke herzustellen.

Die Mutterfigur: Die Mutterfigur kann verwendet werden, um Vertrauen und Geborgenheit in Marketingbotschaften zu vermitteln. Unternehmen können betonen, wie gut sie sich um ihre Kunden kümmern und wie wichtig ihnen deren Wohlbefinden ist.

Der Weise Alte: Der Weise Alte kann in Marketing und Vertrieb dazu verwendet werden, Glaubwürdigkeit und Expertise zu vermitteln. Unternehmen können sich als Quellen für kluge

Ratschläge und qualitativ hochwertige Informationen positionieren.

Die Anwendung von Archetypen im Vertrieb und Marketing hilft dabei, Geschichten zu schaffen, die Kunden ansprechen und eine tiefere emotionale Verbindung zu Produkten oder Dienstleistungen herstellen. Durch das Verständnis der psychologischen Motivationen hinter den Kundenentscheidungen können Unternehmen ihre Botschaften gezielter gestalten und erfolgreichere Marketingstrategien entwickeln.

Lassen Sie uns diese Ideen auf eine lockere und verständliche Weise erkunden:

1. Zielgruppenverständnis: Das Archetypenmodell hilft, die Zielgruppe besser zu verstehen, indem es die tiefsten Motivationen und Wünsche der Kunden enthüllt. Unternehmen können diese Erkenntnisse nutzen, um maßgeschneiderte Marketingbotschaften zu erstellen, die auf die spezifischen Bedürfnisse und Vorlieben der Kunden zugeschnitten sind.

2. Storytelling: Archetypen sind kraftvolle Werkzeuge für das Storytelling. Unternehmen können Geschichten erstellen, die auf Archetypen basieren, und dadurch eine starke emotionale Verbindung zu ihrer Zielgruppe herstellen. Diese Geschichten bleiben in den Köpfen der Kunden haften und machen die Marke unvergesslich.

3. Markenbildung: Unternehmen können die Archetypen nutzen, um die Persönlichkeit ihrer Marke zu definieren. Dies hilft dabei, die Marke klarer und greifbarer für Kunden zu gestalten. Wenn Kunden die Marke als eine Verkörperung eines bestimmten Archetyps wahrnehmen, entsteht eine stärkere Bindung und Loyalität.

4. Produktentwicklung: Das Verständnis der Archetypen kann bei der Entwicklung neuer Produkte und Dienstleistungen hilfreich sein. Unternehmen können Produkte gestalten, die die Bedürfnisse und Wünsche der Kunden ansprechen und somit erfolgreicher am Markt positioniert sind.

5. Wettbewerbsvorteil: Durch die Anwendung des Archetypenmodells können Unternehmen sich von ihren Mitbewerbern abheben. Sie können einzigartige und inspirierende Markenerlebnisse schaffen, die die Zielgruppe fesseln und Kunden dazu bewegen, sich stärker mit der Marke zu identifizieren.

Kurz gesagt, das Archetypenmodell ermöglicht eine tiefere Bindung zu Ihrer Zielgruppe und eine klare Ausrichtung Ihrer Marketing- und Vertriebsbemühungen. Es verleiht Ihrer Marke Persönlichkeit und Bedeutung, die über simple Transaktionen hinausgehen, und schafft eine nachhaltige Kundenbindung. Freuen Sie sich darauf, noch tiefer in die faszinierende Welt des Unterbewusstseins einzutauchen, während wir im Buch weiter voranschreiten.

Umsetzungsbeispiele für das Archemodell wie große Marken damit arbeiten

Hier sind einige Beispiele von großen Marken, die das Archetypenmodell in ihrer Marketingstrategie erfolgreich umgesetzt haben:

1. Nike - Der Held (Hero): Nike verkörpert den Hero-Archetypen, indem sie ihre Kunden dazu inspirieren, ihre Grenzen zu überschreiten und ihre eigenen Heldenreisen zu unternehmen. Mit dem Slogan "Just Do It" motiviert Nike Menschen aktiv zu werden und ihre sportlichen Ziele zu erreichen.

2. Apple: Der Schöpfer (Creator): Apple hat sich als Schöpfer-Archetyp etabliert, indem sie Innovation und Kreativität in den Mittelpunkt ihrer Botschaften stellen. Ihre Produkte sind nicht nur technologische Geräte, sondern Werkzeuge zur Entfaltung individueller Kreativität.

3. Harley-Davidson: Der Rebell (Outlaw): Harley-Davidson ist ein klassisches Beispiel für den Rebell-Archetypen. Sie vermarkten sich als Marke für Menschen, die gegen den Strom schwimmen und die Freiheit der offenen Straße suchen.

4. Dove: Die Magierin (Magician): Dove nutzt den Magierin-Archetypen, um ein Gefühl von Transformation und Selbstwertgefühl zu vermitteln. Ihre "Real Beauty" Kampagne zielt darauf ab, Frauen zu ermutigen, sich in ihrer eigenen Haut wohl zu fühlen.

Diese Beispiele zeigen, wie große Marken das Archetypenmodell nutzen, um ihre Markenidentität zu formen, Geschichten zu erzählen und eine starke emotionale Bindung zu ihrer Zielgruppe aufzubauen. Indem sie die passenden Archetypen wählen und authentisch in ihrer Kommunikation umsetzen, können Marken eine konsistente und inspirierende Botschaft vermitteln, die Kunden anspricht und bindet.

KAPITEL 5

VETRIEBSTRICKKISTE RELOADED: AUTOMATISIERUNG, KI - NUTZUNG UND ANDERE ZAUBERKÜNSTE ENTHÜLLT

Es gibt zahlreiche Gründe, warum man effizienter arbeiten und verkaufen möchte. Mein persönlicher Antrieb war es, das Familienleben mit dem Unternehmertum in Einklang zu bringen. Elternteile eines kleinen Kindes wissen, wie herausfordernd es sein kann: Die Zeit ist knapp und eine erfüllte Eltern-Kind-Beziehung hat oberste Priorität. Doch gleichzeitig ist der Wunsch da, das Geschäft voranzutreiben und neue Kunden zu gewinnen.

Eine geschickte Kombination aus spezialisierten Tools, der Nutzung von sozialen Medien und KI erledigt die ersten Schritte der Akquise für Sie - und zwar automatisiert und extrem effizient.

Der neue Weg der (Kalt-)Akquise:

Zielgruppenanalyse –> Tool auswählen –> Trigger für das Interesse der (qualifizierten) Kunden finden –> Automatisierte Kampagnen erstellen –> Leads generieren!

Die für mich interessantesten Tools und wertvollsten Inspirationen für die Vertriebs-Optimierung werde ich Ihnen im Folgenden offenbaren. In den nächsten Kapiteln gebe ich Lösungen und Antworten:

> Wie können Sie Ihren Vertrieb ohne Aufwand optimieren?
> Welche Tools gibt es für die Leadgenerierung?
> Was bringt die KI mit?
> Welche Möglichkeiten bieten heutzutage CRMs?
> Welche klassischen Methoden sind heute noch hilfreich?

Das Best-off der Tools, die ich erfolgreich verwende:
Ich habe einige sehr hilfreiche Tools entdeckt und getestet, die mir dabei helfen, mit sehr geringem Zeitaufwand erfolgreiche Leads zu generieren.

In meinem Buch möchte ich Ihnen drei äußerst nützliche Tools vorstellen, die Ihnen dabei helfen können, Ihre LinkedIn-Kommunikation und Ihr Lead-Generierungsverfahren auf ein neues Level zu heben.

Erstens, ein Automatisierungstool für LinkedIn-Kontaktanfragen und Nachrichten. Dieses Tool ermöglicht es Ihnen, effizienter zu agieren, indem es Ihnen die Chance bietet, automatisierte Kontaktanfragen und Nachrichten an Ihre Zielgruppe zu senden.

Zweitens, ein KI-Tool zur Charakteranalyse von LinkedIn-Profilen. Dieses Tool ist äußerst hilfreich, wenn Sie wirklich gezielte und persönliche Nachrichten verfassen möchten. Es analysiert Profile und hilft Ihnen dabei, den Charakter Ihrer Kontakte besser zu verstehen. Auf diese Weise können Sie herausfinden, welche Wörter und Themen bei Ihren Kontakten positive Reaktionen auslösen und Ihre Nachrichten entsprechend anpassen.

Drittens, ein Tool zum Tracking von Website-Besuchern. Um das Interesse potenzieller Kunden zu erkennen, die Ihre Website besuchen, ist ein Tracking-Tool unverzichtbar. Es macht es Ihnen möglich, zu sehen, wer Ihre Website besucht hat und welche Seiten angesehen wurden. Dies liefert Ihnen wertvolle Einblicke und ermöglicht es Ihnen, gezielte Follow-up-Maßnahmen zu ergreifen. Diese Tools können Ihnen dabei helfen, Ihre LinkedIn-Kommunikation zu optimieren, persönlicher zu gestalten und potenzielle Leads effektiver zu identifizieren.

Es ist jedoch entscheidend, sicherzustellen, dass Sie diese Tools ethisch und datenschutzkonform einsetzen, um das Vertrauen Ihrer Kontakte zu wahren und eine authentische Online-Präsenz aufzubauen.

SOCIAL SELLING: WAS IST ES? UND WARUM IST ES SO GUT?

Der Überbegriff der ersten beiden Tools bezeichnet sich als „Social Selling“: den Einsatz sozialer Medien für den Vertrieb.

In der heutigen digitalen Welt hat sich das Spiel des Verkaufens verändert, und zwar gewaltig. Social Selling ist die aufregende Evolution des traditionellen Verkaufsprozesses. Es dreht sich alles darum, Beziehungen zu knüpfen, zu pflegen und letztendlich Produkte zu verkaufen – und das alles in den sozialen Medien, die die Meisten bereits täglich nutzen.

Es ist nicht nur das Verkaufen auf Facebook, Instagram oder LinkedIn. Es ist viel mehr als Das. Social Selling bedeutet, in die Welt deiner potenziellen Kunden einzutauchen, zu verstehen, was sie bewegt, und echte Beziehungen aufzubauen. Du teilst dein Wissen, bietest Lösungen an und schaffst Vertrauen, lange bevor es überhaupt um den Verkauf geht.

Der wahre Zauber von Social Selling liegt in der Authentizität. Du kannst du selbst sein, deine Persönlichkeit zeigen und dabei helfen, die Probleme deiner Kunden zu lösen. Das ist der Schlüssel zu nachhaltigem Erfolg.

Social Selling bietet Ihnen die Möglichkeit, mit Kunden in Kontakt zu treten, nachhaltig Beziehungen aufzubauen und das Vertrauen Ihrer Kunden in Ihr Unternehmen zu stärken. Sie erkennen potenziell qualifizierte Kunden und können Sie durch den Austausch relevanter Inhalte und Angebote für sich gewinnen.

Warum ist das so? Das sind die Vertriebs-Beschleuniger des Social Selling im Überblick:

Persönlicher Kontakt

Durch den persönlichen Kontakt und die gezielte Ansprache können Sie bzw. Ihre Vertriebsmitarbeiter effektivere Verkaufsstrategien entwickeln und so den Verkaufsprozess sehr präzise vorantreiben.

Automatisierung

Automatisierungstools können den Verkaufsprozess beschleunigen, indem sie wiederholende Aufgaben automatisieren: Beim Senden von Follow-up-Mails, dem Planen von Social-Media-Beiträgen oder dem Erstellen von automatisierten Kampagnen sparen Sie sich so viel Zeit. Das steigert Ihre Effizienz.

Personalisierung

Es ist entscheidend, personalisieren zu können, wenn Sie potenzielle Kunden individuell ansprechen möchten. Durch die gesammelten Daten und das Verständnis der Bedürfnisse und Präferenzen Ihrer Kunden können Sie maßgeschneiderte Angebote und Inhalte bereitstellen, die auf deren spezifischen

Anforderungen abgestimmt sind.

Skalierbarkeit

Eine der großen Stärken des Social Selling ist die Möglichkeit, den Verkaufsprozess zu skalieren. Indem sie Social-Media-Plattformen nutzen, können Sie die Reichweite Ihrer Kampagne erweitern und gleichzeitig persönliche Interaktionen aufrechterhalten.

Multiplikation

Kundenempfehlungen und Partnerschaften mit anderen Unternehmen oder Influencern können dazu beitragen, den Bekanntheitsgrad zu steigern und neue Geschäftsmöglichkeiten zu erschließen. So können Sie Ihre Reichweite im Handumdrehen multiplizieren.

Social Selling unterstützt Sie dabei, Ihre Vertriebsaktivitäten zu optimieren, Ihre Reichweite zu vergrößern und den Umsatz zu steigern. Indem Sie effektiver in den sozialen Medien agieren, können Sie Ihr Business gezielt vorantreiben.

Um das volle Potenzial des Social Sellings auszuschöpfen, empfehle ich Ihnen sich Tipps und erfolgreiche Kampagnenvorlagen von erfolgreichen Experten einzuholen und anzuschauen.

Ich konzentriere mich in diesem Buch hauptsächlich auf LinkedIn. Es ist die beste Wahl für Social Selling, da es eine Plattform ist, die sich auf berufliche Vernetzung konzentriert und eine professionelle Zielgruppe anspricht. Die umfassenden Profile ermöglichen es

Verkäufern, potenzielle Kunden besser zu verstehen und personalisierte Ansprachen zu erstellen. Mein letzter Stand war, dass die Plattform 900+ Millionen Mitglieder weltweit hat.

KONKRETE UMSETZUNG MIT WAALAXY

Ein hochgeschätztes Instrument zur automatischen Generierung von Leads ist das LinkedIn-Plugin, das unter dem Namen "Waalaxy" bekannt ist. Mit dieser Software setzen Sie eine Kampagne auf und erhalten künftig 24/7 fast ohne Aufwand Neukunden. Ohne aktive Kundenakquise, ohne Werbekosten.

Sie sparen sich mit diesem Tool folglich enorm viel Zeit: Sobald Sie einmal die automatischen Sequenzen eingestellt haben, werden automatisch pro Tag (entsprechend dem erworbenen Kontingent bzw. Package) bis zu 100 Anfragen und 100 Nachrichten versendet! Der Waalaxy-Logarithmus sorgt dafür, dass nicht erkannt wird, dass hier ein automatisiertes Tool am Werk ist.

Eine Kampagne anlegen – so geht's:
Dieses Tool setzt auf den entsprechenden LinkedIn-Account auf: Sie melden sich mit Ihren LinkedIn-Anmeldedaten an und verbinden somit beide Anbieter (Netzwerk & Software). Anschließend definieren Sie über die LinkedIn-Suche Ihre gewünschte Zielgruppe. Die URL der gesuchten Personen (gesamte

Zielgruppe) kopiert man in Waalaxy und kann dann die Details für alle weiteren Schritte bzw. Sequenzen einstellen.

Es werden nach Freigabe solcher „Kampagnen“ automatische Kontaktanfragen an die entsprechenden Personen versendet. Wird eine Kontaktanfrage bestätigt, werden dann automatisch die hinterlegten Nachrichten versendet. Die Inhalte der Nachrichten definieren Sie vorab selbst: Das kann beispielweise die Einladung für einen virtuellen Cappuccino sein. Die Waalaxy-Seite gibt Ihnen dazu auch Empfehlungen.

Reagiert eine angeschriebene Person - nach Kontaktannahme - nicht auf die erste Nachricht wird automatisch eine zweite Mail versendet: Auch den Zeitpunkt und die Details für diese Erinnerungsnachricht stellen Sie vorab ein. Reagiert eine angeschriebene Person auf die erste Nachricht, stoppt die automatisierte Benachrichtigung.

Es ergeben sich also die zwei klassischen Szenarien: der LinkedIn-Neukontakt signalisiert Interesse oder eben nicht. Im ersten Fall greifen Sie ein und schicken manuell eine persönliche Nachricht. Am besten beinhaltet diese gleich einen Termin für einen direkten Austausch bzw. Pitch.

Im Waalaxy-Dashboard können Sie sich jederzeit Übersichten anzeigen lassen, welche Kampagnen wie erfolgreich sind – und welche Sie überarbeiten sollten.

Aus Sicht von LinkedIn:

Es ist jedoch wichtig zu beachten, dass LinkedIn seine Nutzungsrichtlinien regelmäßig aktualisiert, und das automatische Versenden von Verbindungsanfragen oder Nachrichten kann gegen diese Richtlinien verstoßen. Dies kann zu Einschränkungen des LinkedIn-Kontos führen, wie zum Beispiel temporären oder dauerhaften Sperren.

LinkedIn hat eine klare Position zur Automatisierung von Interaktionen auf seiner Plattform: Es ermutigt zur Authentizität und zum persönlichen Engagement. Das bedeutet, dass der manuelle, persönliche Kontakt und die individuelle Interaktion mit anderen Nutzern auf der Plattform im Vordergrund stehen sollen. In den letzten Jahren hat LinkedIn Maßnahmen ergriffen, um gegen den Missbrauch von automatisierten Tools vorzugehen. Sie haben Algorithmen entwickelt, um verdächtiges Verhalten zu erkennen und zu bekämpfen.

Es ist natürlich immer besser, auf der Plattform auf authentische und persönliche Weise zu interagieren, um langfristige Beziehungen zu potenziellen Kontakten und Kunden aufzubauen.

Fazit: Der Push fürs LinkedIn-Netzwerk

Um zum Beispiel seine Reichweite zu erhöhen, ist das Tool super. Auch um allgemein eine Zielgruppe zu kontaktieren. Wichtig ist hier die Unterscheidung, will ich konkret mit einer Person in Kontakt kommen oder übergeordnet eine bestimmte Kundengruppe ansprechen. Wenn man zum Beispiel gezielt bestimmte Personen für einen Podcast anschreiben möchte, ist das Tool nicht zu empfehlen. Beabsichtige ich beispielsweise jedoch ein Digital Asset Management System branchenunabhängig allen Marketern anbieten, erleichtert das Tool enorm den Akquise Prozess. Es gilt allerdings zu beachten, dass diese Tools immer bekannter werden und ein Anschreiben wie "Hallo, ich habe gesehen, dass wir gemeinsame Kontakte haben. Lassen Sie uns vernetzen." sind schon ziemlich abgedroschen. Für den Erfolg einer Kampagne ist hier Kreativität gefragt. Ich würde zudem den Zeitraum eingrenzen, wann eine Kampagne versendet wird. Außerhalb von normalen Arbeitszeiten wirkt eine Kontaktanfrage auch schnell automatisiert.

Leider hat sich meiner Meinung nach LinkedIn weg vom beruflichen Netzwerk hin zu einem Portal entwickelt, das Viele nutzen, um seine politische Meinung zu posten und sich selbst darzustellen. Manchmal habe ich das Gefühl, es dauert nicht mehr lange und es werden die ersten Katzenvideos gepostet. Ich hoffe sehr, dass es sich wieder stärker zu einem Portal entwickelt, bei dem das berufliche Miteinander in den Fokus rückt. Aber das nur am Rande, weil mir auffällt, dass aufgrund dieser Entwicklung und der Werbemöglichkeiten, viele Personen schon abgeschreckt sind. Trotzdem bietet LinkedIn noch eine super Möglichkeit tolle Kontakte zu knüpfen und auszubauen.

Gerne kontaktieren Sie mich, falls Sie das Tool einen Monat kostenlos testen wollen.

WIE FUNKTIONIERT LEADGENERIERUNG MIT HILFE VON KI?

Das sagt ChatGPT (Stand August 2023)

Die Leadgenerierung mit Hilfe von Künstlicher Intelligenz (KI) nutzt fortschrittliche Algorithmen und automatisierte Prozesse, um potenzielle Kunden zu identifizieren, zu qualifizieren und anzusprechen. Hier ist eine Schritt-für-Schritt-Erklärung, wie dies funktioniert:

1. Datenbeschaffung und -integration: Die erste Phase beinhaltet die Beschaffung von Daten aus verschiedenen Quellen. Dies können öffentlich verfügbare Datenbanken, soziale Medien, Unternehmenswebsites und mehr sein. Die gesammelten Informationen werden dann in einem zentralen Datenbank- oder CRM-System integriert.

2. Datenbereinigung und -veredelung: KI wird eingesetzt, um die gesammelten Daten zu bereinigen und zu verbessern. Dies beinhaltet die Entfernung von Duplikaten, die Aktualisierung von veralteten Informationen und die Anreicherung der Datensätze mit zusätzlichen relevanten Informationen wie Unternehmensgröße, Branche und Kontaktinformationen.

3. Profilbildung: Mit den bereinigten Daten erstellt die KI automatisch Profile potenzieller Leads. Diese Profile können auf verschiedenen Faktoren basieren, wie demografischen Merkmalen, Verhaltensdaten, historischen Interaktionen und anderen relevanten Informationen.

4. Vorhersage von Lead-Qualität: KI kann Modelle entwickeln, um die Wahrscheinlichkeit zu berechnen, dass ein bestimmter Kontakt ein qualifizierter Lead ist. Dies erfolgt anhand von Merkmalen wie Interesse, Kaufbereitschaft und Übereinstimmung mit den idealen Kundenprofilen Ihres Unternehmens.

5. Personalisierte Kommunikation: KI kann automatisch personalisierte Nachrichten erstellen und versenden. Diese Nachrichten können E-Mails, Social-Media-Nachrichten oder Chatbots sein und werden basierend auf den erfassten Profilinformationen und dem Verhalten des Leads entwickelt.

6. Lead-Nurturing: Die KI kann den Verlauf der Interaktionen mit den Leads überwachen und automatisch geeignete Folgeaktionen ausführen. Dies kann das Versenden von weiteren Informationen, das Einladen zu Webinaren oder das Planen von Vertriebsanrufen umfassen.

7. Lead-Qualifizierung: KI kann kontinuierlich die Aktivitäten und das Verhalten der Leads verfolgen, um deren Qualifikation zu überwachen. Qualifizierte Leads werden an das Vertriebsteam weitergegeben, um den Verkaufsprozess fortzusetzen.

8. Analyse und Optimierung: Die KI analysiert laufend die Ergebnisse der Leadgenerierungskampagnen und identifiziert Muster und Trends. Aufgrund dieser Erkenntnisse können die

Kampagnen kontinuierlich optimiert werden, um die Effizienz und die Conversion-Raten zu verbessern.

9. Skalierbarkeit: Einer der Vorteile von KI in der Leadgenerierung ist die Skalierbarkeit. Sie können mit Tausenden von Leads gleichzeitig arbeiten, ohne dass der Aufwand exponentiell steigt.

Die Leadgenerierung mit KI ermöglicht es Unternehmen, effizienter und effektiver potenzielle Kunden zu finden und anzusprechen. Sie kann personalisierte Kommunikation in großem Maßstab ermöglichen und den Vertriebsprozess optimieren. Wichtig ist jedoch, sicherzustellen, dass die verwendeten Daten ethisch und datenschutzkonform behandelt werden, um das Vertrauen der Leads zu wahren.

Leadgenerierung mit KI: ein aufsteigender Meister.

Die Leadgenerierung mit Künstlicher Intelligenz (KI) ist also wie ein cleverer Assistent für den Vertrieb. Sie sammelt, poliert und sortiert Daten, erstellt automatisch Lead-Profile, sagt deren Qualität voraus und versendet maßgeschneiderte Nachrichten. Wenn die Anzahl der Leads wächst, behält sie den Überblick und gibt die Spitzenreiter an den Vertrieb weiter. Dank KI können Unternehmen effizienter arbeiten, Muster erkennen und ständig besser werden. Das Beste daran? Sie können so viele Leads bearbeiten, wie Sie möchten, ohne dabei den Kopf zu verlieren.

Beachten Sie jedoch stets ethische und datenschutzkonforme Praktiken, um das Vertrauen Ihrer Leads zu bewahren. Los geht's!

Innovative KI-Tools für personalisierte Textvorlagen

Am beeindruckendsten finde ich die Kombination aus Persönlichkeitsanalyse der Profile auf LinkedIn und den automatischen und zugeschnittenen Versand von persönlichen Nachrichten mit Wörter, die dem gegenüber bislang auf LinkedIn positiv getriggert haben.

Mithilfe der fortschrittlichen KI-Algorithmen analysieren diese intelligenten Tools eine Fülle von Daten über das Online-Verhalten der User, wie zum Beispiel Likes, Kommentare, geteilte Inhalte und Interaktionen. Anhand dieser Informationen können sie ein genaues Bild der individuellen Präferenzen und Persönlichkeit der User zeichnen.

Mit diesem Wissen generieren die KI-Tools dann maßgeschneiderte Textvorlagen, die den entsprechenden User auf beeindruckende Weise präzise ansprechen und so eine persönliche Verbindung herstellen. Hier ist wirklich vieles möglich: ansprechende Verkaufstexte, perfekte Call-to-Actions, überzeugende Marketingbotschaften bis hin zu individuellen Empfehlungen.

Diese Tools sind ein echter Durchbruch in der Personalisierung von Kommunikation auf sozialen Medien. Sie machen es möglich,

Botschaften gezielt an die individuellen Interessen und Bedürfnisse der Zielgruppe anzupassen. Dadurch können Sie Ihre Kunden auf eine persönlichere Art erreichen und eine tiefere Bindung aufbauen.

Ein charakteristisches Tool hierfür ist: Psychological AI

PSYCHOLOGICAL AI: DIE GEHEIMWAFFE FÜR MAßGESCHNEIDERTE TEXTE

Psycholiogical AI kann also das Profil eines LinkedIn Nutzers genau analysieren UND automatisch zugeschnittene Nachrichten versenden. Bei Waalaxy erarbeitet sich der User selbst die Ansprache.

Psychological.ai für zielführende Texte

Sie wissen selbst, wie wichtig es ist, Ihre Zielgruppe zu verstehen. Und gleichermaßen zu begreifen, welche Herausforderungen und welchen Antrieb sie haben, um dann entsprechend auf sie zu- und einzugehen.

Die erste Hürde dabei ist, herauszufinden, was genau gebraucht wird – die zweite Hürde (um die es in diesem Kapitel geht) ist, eine passende und ansprechende Botschaft zu formulieren.

An dieser Stelle setzt Psychological AI an: Durch psychologisches Targeting der potenziellen Kunden und automatische Textgenerierung ermöglicht es Psychological AI, schneller Texte und vor allem zielführendere Texte zu schreiben, die exakt auf die Bedürfnisse der Kunden eingehen.

Psychological AI nutzt fortschrittliche Analysetechnologien, um das Nutzerverhalten und die Aktivitäten zu erfassen und darauf basierend Charaktereigenschaften zu analysieren. Basierend auf diesen Erkenntnissen werden personalisierte Nachrichten und sogar Wortvorschläge erstellt, auf die der angesprochene Besucher positiv reagiert.

Fazit: Texte schreiben, die wirken!

Das Ergebnis der optimal personalisierten Nachrichten sind bis zu 87% mehr Rückmeldungen, weil die Kunden sich gesehen, verstanden und direkt angesprochen fühlen. Sie erhalten also mehr Kontaktdaten – und erreichen somit einen kräftigen Zugewinn für Ihre Leadgenerierung!

Falls Sie Psychological AI ausprobieren wollen, erhalten Sie mit dem Code "SALESSUCCESS" 10 % Rabatt.

Die Zukunft der personalisierten Kommunikation auf Social Media ist und bleibt zweifellos spannend: Es gilt abzuwarten, wie sich diese Technologie weiterentwickeln wird und wie sie die Art und Weise prägen wird, in der wir in den sozialen Medien kommunizieren.

LEADINFO. LERNEN SIE IHRE BESUCHER KENNEN.

LeadInfo ist ein Tool, das Ihnen Informationen über die Besucher Ihrer Website beschafft – und Sie so dabei unterstützt, potenzielle Leads zu identifizieren.

Dazu verwendet Leadinfo verschiedene Technologien wie IP-Tracking, Cookies und Reverse-IP-Lookup. Sie erhalten Infos über die besuchten Unterseiten, die Verweildauer und das Klickverhalten.

Über die IP-Adresse versucht Leadinfo auch, das Unternehmen zu identifizieren, von dem der Besucher stammt: Es vergleicht dazu die IP-Adresse mit einer Datenbank von Unternehmens-IP-Adressen, um festzustellen, welches Unternehmen die Website besucht hat. Gelingt dies, werden sofort Firmendaten aus Datenbanken und öffentlichen Quellen gesammelt: Firmenname, Branche, Unternehmensgröße und Standort zum Beispiel. Zudem werden automatisch alle möglichen LinkedIn-Kontakte vorgeschlagen – Link inklusive.

Sie erhalten von Leadinfo sogar Bildschirmaufnahmen mit

detaillierten Browsing-Aktivitäten auf Ihrer Website. Die Aufzeichnungen zeigen die Mausbewegungen der Besucher und wo sie geklickt haben. So erkennen Sie auf Anhieb die User mit Kaufabsichten. Die Informationen aus der Aufnahme helfen Ihnen außerdem, die Call-to-Action auf Ihrer Website zu verbessern, sodass Kunden die gewünschten Informationen schneller finden können.

Lead Gen-Formulare für liquides Marketing

Das Sahnehäubchen bietet LeadInfo mit den Lead Gen-Formularen. Das sind personalisierte Pop-ups, mit denen Sie die Kontaktdaten Ihrer Website-Besucher erfassen und Sie dann mit einer persönlichen Nachricht begrüßen können. Sobald ein Besucher eines identifizierten Unternehmens dann auf Ihre Website gelangt, wird er individuell begrüßt und eingeladen, seine Kontaktdaten zu hinterlassen.

Ein Beispiel für ein Lead Gen-Formular: Das Pop-up erkennt den Firmennamen und die Telefonnummer automatisch, sodass der Besucher seine Kontaktdaten mit nur zwei Klicks hinterlassen kann.

Fazit: Geniale Leadgenerierungs-Software für Ihre Webseite.
Allerdings muss Ihnen bewusst sein, dass es auf öffentlich verfügbaren Informationen und technischen Daten basiert. Die Genauigkeit der erfassten Daten kann daher variieren und hängt von verschiedenen Faktoren ab: sowohl von der Aktualität der

Datenbanken als auch der Art des Besuchers (zum Beispiel ob er von einem privaten oder geschäftlichen Netzwerk zugreift).

Wichtig zu beachten ist zudem, dass die datenschutzrechtlichen Bestimmungen eingehalten werden, wenn Sie ein Tool wie Leadinfo einsetzen. Stellen Sie angesichts dessen sicher, dass Sie die Datenschutzrichtlinien Ihrer Website entsprechend aktualisieren. Behalten Sie diese Faktoren im Blick – dann kann diese Software Ihren Vertrieb nur bereichern!

Gerne verwenden Sie folgenden QR Code, wenn Sie das Tool ausprobieren wollen:

SCAN ME

LEAD INTELLIGENCE SOFTWARE: EIN HOCH AUF INTENT-DATEN!

Faszinierend sind die neuen Möglichkeiten der Leadgenerierung mit den Tools der Intent-Datensuche (die Suche über Kaufabsichtsdaten). Sie basieren auf der Analyse des Online-Verhaltens potenzieller Kunden – deren Absichten (intent-ion) und Interessen.

Die Tools liefern Ihnen also Daten zu Suchanfragen, besuchten Seiten, Social Media-Interaktionen Ihrer potenziellen Kunden und lassen Sie daran erkennen, wonach diese suchen, welche Themen und Produkte für sie relevant sind. Das sind Intent-Daten. Die Software ist also so intelligent, dass sie erkennt, welche Firmen gerade nach welchen Produkten suchen. Die genaue Bandbreite der durchsuchten Daten kann je nach der spezifischen Software und den Anforderungen des Unternehmens variieren. Wird aber direkt nach einem Produkt gesucht, kann stark davon ausgegangen werden, dass hier ein großes Interesse besteht und sich somit bequem Leads generieren lassen.

Durch die Nutzung von Intent-Daten können Sie Ihre Marketingkampagnen gezielter ausrichten. Das bedeutet, dass Sie personalisierte Inhalte erstellen können, die genau auf die Bedürfnisse und Interessen Ihrer potenziellen Kunden zugeschnitten sind. Sie können auch maßgeschneiderte E-Mail-Kampagnen entwickeln, die relevante Informationen und Angebote enthalten. Darüber hinaus haben Sie die Möglichkeit, personalisierte Anzeigen zu schalten, die Ihre potenziellen Kunden genau dort erreichen, wo sie sich online bewegen. Sie können diese Leads auch einfach direkt und persönlich auf LinkedIn ansprechen. Die Verwendung von Intent-Daten ermöglicht es Ihnen, Ihre Marketingstrategie zu optimieren und Ihre Kundenansprache effektiver zu gestalten.

Wichtig ist bei diesen Tools darauf zu achten, dass sie datenschutzkonform sind. Behalten Sie diesen Aspekt unbedingt im Blick, um hier keine Abmahnung zu provozieren. Ich empfehle die Nutzung der Tools, die auf Intent-Daten basieren, immer mit LinkedIn-Kontakten zu verknüpfen bzw. nur Kontakte anzuschreiben, deren Kontaktdaten auch frei verfügbar sind.

Ein Beispiel: die Suche nach „Content Management Systeme“

Ein Beispiel für die Anwendung von Lead Intelligence Software in Verbindung mit Intent-Datensuche, unter Verwendung des Suchbegriffs "Content Management System" könnte folgendermaßen aussehen:

Die Lead Intelligence Software überwacht verschiedene Online-Quellen, darunter Suchmaschinen, soziale Medien und Foren, um nach Hinweisen in Betreff auf potenzielle Kunden zu suchen, die Interesse an einem Content Management System (CMS) haben. Wenn beispielsweise jemand nach "bestem CMS für digitale Text-/Medienverwaltung" sucht oder Fragen zu CMS-Funktionen in einem Online-Forum stellt, erfasst die Software diese Informationen.

Die Software analysiert die erfassten Daten, um potenzielle Kunden zu identifizieren, die ein erhöhtes Interesse an einem Content Management System haben. Sie erkennt beispielsweise Personen, die aktiv nach Informationen über CMS suchen, ihre Bedürfnisse oder Anforderungen diskutieren oder nach Empfehlungen fragen.

Diese identifizierten potenziellen Kunden werden dann als qualifizierte Leads betrachtet und können in den weiteren Vertriebs- und Marketingaktivitäten genutzt werden. Unternehmen können ihre Ansprache an diese potenziellen Kunden anpassen, indem sie ihnen gezielte Informationen, Ressourcen oder Angebote im Zusammenhang mit Content Management Systemen zur Verfügung stellen.

In diesem Fall ist es so, dass meist Marketingabteilungen nach „CMS" suchen. Das bedeutet diese Zielgruppe ist bereits klar. Wenn ich mittels derartiger eine Software nun die entsprechenden Unternehmen sehe, welche aktuell nach „meinem" Produkt suchen, kann ich ganz einfach auf LinkedIn entsprechende Mitarbeiter der Marketingabteilung anschreiben.

Fazit: Die neuen Möglichkeiten der Leadgenerierung mit Tools der Intent-Datensuche bietet eine großartige Chance: Sie können anhand aussagekräftiger Daten Ihre Marketingkampagnen gezielt auf potenzielle Kunden ausrichten. Das optimiert den Verkaufsprozess und die Erfolgsquote bei der Umwandlung von qualifizierten Leads in zahlende Kunden.

GOOGLE ADWORDS VS. LEAD INTELLIGENCE SOFTWARE

In diesem Zusammenhang kam bei mir öfters die Frage auf, ob Google AdWords nicht ähnlich arbeitet!? Google AdWords und Lead Intelligence Software sind jedoch zwei unterschiedliche Ansätze im Bereich des Online-Marketings und der Kundenakquise. Nachstehend finden Sie die Hauptunterschiede zwischen den beiden:

Google AdWords:

1. **Werbeanzeigenplattform:** Google AdWords ist eine Werbeanzeigenplattform von Google, die es Unternehmen ermöglicht, Anzeigen in den Suchergebnissen und auf anderen Google-Plattformen zu schalten.

2. **Bezahlte Werbung:** Mit Google AdWords zahlen Unternehmen pro Klick auf ihre Anzeigen (Pay-Per-Click, PPC). Sie erstellen Anzeigen und bieten auf Keywords, um in den Suchergebnissen angezeigt zu werden.

3. **Direkte Kundenansprache:** Google AdWords richtet sich an Nutzer, die aktiv nach bestimmten Keywords suchen. Die Plattform ermöglicht eine direkte Ansprache von Nutzern, die bereits ein Interesse an den beworbenen Produkten oder Dienstleistungen haben.

4. Schnelle Sichtbarkeit: Mit Google AdWords können Unternehmen schnell Sichtbarkeit in den Suchergebnissen erlangen und gezielte Traffic-Ströme auf ihre Websites lenken.

Lead Intelligence Software:

1. Datenanalyse- und Verwaltungsplattform: Lead Intelligence Software ist eine Plattform oder Softwareanwendung, die darauf spezialisiert ist, Daten über potenzielle Kunden zu sammeln, zu analysieren und zu verwalten.

2. Datengesteuerte Lead-Generierung: Lead Intelligence Software nutzt Datenanalysen, um potenzielle Kunden zu identifizieren, die ein erhöhtes Interesse an bestimmten Produkten oder Dienstleistungen zeigen. Diese Kunden werden dann als qualifizierte Leads betrachtet.

3. Personalisierte Ansprache: Die Software bietet Unternehmen die Gelegenheit, personalisierte Marketing- und Vertriebsansätze zu entwickeln, um diese qualifizierten Leads anzusprechen und in Kunden umzuwandeln.

4. Langfristige Kundenbindung: Lead Intelligence Software zielt darauf ab, Beziehungen zu potenziellen Kunden aufzubauen, indem sie relevante Informationen und Ressourcen bereitstellt und die Kunden während ihres gesamten Kaufprozesses begleitet.

Insgesamt liegt der Unterschied darin, dass Google AdWords eine bezahlte Werbeplattform ist, die auf die Schaltung von Anzeigen in den Suchergebnissen abzielt, während Lead Intelligence Software datengesteuerte Lead-Generierung und Kundenbindung durch die Analyse und Verwaltung von Kundeninformationen ermöglicht. Während Google AdWords auf die unmittelbare Gewinnung von Traffic abzielt, konzentriert sich Lead Intelligence Software auf Kundengewinnung und Kundenbeziehung.

CRM CUSTOMER RELATIONSHIP MANAGEMENT SOFTWARE

Grundsätzlich bieten CRM-Systeme (Customer Relationship Management) eine zentrale Plattform zur Verwaltung von Kundendaten und Kundenbeziehungen und sind so Ihr geniales Tool für die sogenannte Kundenpflege.

Sie lassen sich aber auch zur Optimierung des Verkaufsprozesses einsetzen: es gibt heutzutage ausgefeilte CRM-Systeme, die Ihnen eine automatisierte Kommunikation und detailliertes Tracking ermöglichen. Darauf möchte ich nachfolgend näher eingehen.

Das Best-off der CRM-Systeme: Sequenzen und Follow-ups

Automatische E-Mail-Sequenzen:

Eine der nützlichen Funktionen ist in den meisten CRM-Systemen verfügbar: Die Möglichkeit, automatische Sequenzen einzustellen. Sequenzen sind vordefinierte Aktionen und Kommunikationsschritte, die automatisch bei bestimmten Triggern ausgelöst werden. So können Sie konsequent und zeitnah mit ihren Kunden interagieren.

Ein Beispiel: Sie erstellen eine Sequenz, die automatisch eine Willkommens-Mail an neue Leads sendet, sobald diese in das CRM-System aufgenommen werden. Anschließend wird der Versand weiterer E-Mails in regelmäßigen Abständen ausgelöst, um das Interesse der adressierten Kunden aufrechtzuerhalten und ihnen wertvolle Informationen über Ihr Produkt/Ihre Dienstleistung zu liefern.

Ein CRM bietet verschiedene Möglichkeiten für Follow-up-Aktionen, um Kundenbeziehungen zu pflegen und Verkaufschancen zu optimieren. Hier sind einige gängige Follow-up-Aktionsmöglichkeiten in einem CRM:

Aufgaben und Erinnerungen:
CRM-Systeme ermöglichen es, Aufgaben und Erinnerungen festzulegen. So können Sie beispielsweise geplante Anrufe oder Follow-up-Aufgaben für bestimmte Kunden oder Verkaufschancen planen und rechtzeitig benachrichtigt werden.

Anrufprotokollierung:
Sie können Anrufe mit Kunden oder Leads protokollieren und Notizen hinterlassen. Somit kann der Verlauf der Interaktion nachverfolgt und sichergestellt werden.

Lead-Scoring:
CRM-Systeme bieten oft die Möglichkeit, Leads anhand ihres Verhaltens und ihrer Aktivitäten zu bewerten. Sie können

automatisch qualifizierte Leads priorisieren und Follow-up-Aktivitäten auf die vielversprechendsten Fälle konzentrieren.

Kampagnenverfolgung:
Sie können den Erfolg Ihrer Marketingkampagnen im CRM verfolgen. Dadurch gelingt es Ihnen, die Effektivität Ihrer Kampagnen zu analysieren und die richtigen Follow-up-Maßnahmen basierend auf den Ergebnissen zu ergreifen.

Social-Media-Integration:
Einige CRMs bieten die Integration von sozialen Medien. Sie können Kunden und Leads auf Plattformen wie LinkedIn oder Twitter verfolgen und dort Follow-up-Aktivitäten planen.

Vertriebspipeline-Management:
In einem CRM können Sie den Fortschritt von Verkaufschancen in der Vertriebspipeline verfolgen. Sie können Aktivitäten planen, um die Deals voranzutreiben, und sicherstellen, dass keine wichtigen Schritte übersehen werden. Diese Follow-up-Aktionsmöglichkeiten sind entscheidend, um Kundenbeziehungen zu stärken, den Verkaufsprozess zu optimieren und sicherzustellen, dass keine potenziellen Geschäftsmöglichkeiten verloren gehen.

Den Überblick behalten dank Tracking

Ein weiterer wichtiger Aspekt von CRM-Systemen ist die Möglichkeit, Kundenaktivitäten zu tracken. Moderne CRM-Softwareprogramme bieten eine Vielzahl von Tracking-Möglichkeiten: das Tracking von E-Mails, Anrufen, Website-Besuchen und Social-Media-Interaktionen etc.

Durch das Tracking von E-Mails erfahren Sie, ob eine gesendete E-Mail geöffnet, weitergeleitet oder auf einen darin enthaltenen Link geklickt wurde. Diese Informationen sind äußerst wertvoll, um das Interesse der Kunden zu messen und den Erfolg von Kampagnen zu bewerten.

Das Tracking von Anrufen liefert Ihnen Informationen über die Dauer der Anrufe, die Art der besprochenen Themen und die Ergebnisse der Gespräche. Dadurch können Sie besser auf die Bedürfnisse der Kunden eingehen.

Die Möglichkeit, Website-Besuche zu verfolgen, bietet Ihnen Einblicke in das Verhalten potenzieller Kunden: Sie können sehen, welche Seiten besucht wurden, wie lange die Besuche dauerten und ob bestimmte Aktionen ausgeführt wurden – wie das Ausfüllen eines Kontaktformulars oder das Herunterladen von Ressourcen. Diese Informationen helfen Ihnen, das Interesse und die Absichten der potenziellen Kunden besser zu verstehen.

Übrigens haben die meisten CRM-Systeme unglaublich viele Schnittstellen. So lassen sich oftmals von einer Lead Intelligence Software die Kontaktdaten potentieller Leads automatisch ins CRM ziehen. Ähnlich ist es bei den Tools wie Waalaxy und Leadinfo. Wichtig ist jedoch, dass man prüft, ob hier Integrations-Kooperationen bestehen. Meist findet man auf deren Webseite eine Übersicht an Partnern, welche eine gemeinsame Schnittstelle zur Datenübertragung programmiert haben.

Fazit: Nie ohne CRM!

CRM-Systeme sind essenzielle Helfer-Tools. Automatische Sequenzen und Tracking-Funktionen verhelfen Ihnen dazu, effizienter und zielgerichteter mit Ihren Kunden zu interagieren. Durch die Automatisierung von Kommunikationsschritten und das Verfolgen von Kundenaktivitäten können Sie Ihre Kundenbeziehungen verbessern, den Verkaufsprozess perfektionieren und so letztendlich wieder: Ihren Umsatz steigern! Und das ohne viel Aufwand.

CHATBOTS ALS SUPERTOOLS DER KOMMUNIKATION

Chatbots sind automatisierte Programme, die mithilfe von künstlicher Intelligenz und vorgefertigten Skripten interaktive Gespräche mit Usern bzw. Kunden führen können.

Chatbots können potenzielle Kunden für Sie identifizieren und vor allem Informationen über Kunden sammeln, die für Marketing und Vertrieb relevant sind. Sie können Chatbots beliebig auf verschiedenen Plattformen einsetzen, um Leads zu generieren: auf Webseiten, in Messaging-Apps oder sozialen Medien.

Mit direkten Fragen Leads generieren

Ein allgemeiner Ablauf, wie Chatbots in der Kundenkommunikation für die Leadgenerierung eingesetzt werden können, kann folgendermaßen aussehen:

Hallo.

Der Chatbot begrüßt den User und stellt einige Fragen, um den Kontext und das Anliegen seines Besuches zu verstehen. Durch die Beantwortung dieser Fragen und die Interaktion kann der Chatbot den User qualifizieren und feststellen, ob er ein potenzieller Lead ist.

Wer bist du?

Der Chatbot kann gezielte Fragen stellen, um relevante Informationen von potenziellen Kunden zu sammeln. Dies können beispielsweise Kontaktdaten wie Name, E-Mail-Adresse oder Telefonnummer sein. Der Chatbot kann auch Fragen zu den Interessen, Bedürfnissen oder dem Kaufverhalten des Kunden stellen, um ein detailliertes Profil zu erstellen.

Das ist für dich!

Basierend auf den gesammelten Informationen kann der Chatbot relevante Produktempfehlungen, Inhalte und personalisierte Angebote an den User weitergeben. Der User bleibt interessiert, neugierig – und wird weiter mit dem Unternehmen interagieren.

Alarm! Kunde.

Wenn der Chatbot feststellt, dass ein potenzieller Lead vorliegt oder der User weitere Unterstützung benötigt, kann er den Kontakt an den Vertrieb oder den Kundenservice weiterleiten. Auf diese Weise können „menschliche Mitarbeiter“ mit der gesammelten Information ausgestattet den Lead weiterbearbeiten und den Verkaufsprozess vorantreiben.

Lead gespeichert.

Die gesammelten Informationen können in einer CRM-Datenbank gespeichert werden, um den Kontakt zu pflegen und den Lead über E-Mail-Marketing oder andere Marketingkanäle weiter zu verfolgen und zu entwickeln. Automatisierte Follow-up-Nachrichten können verwendet werden, um den neuen Kontakt zu informieren, ihn zu binden – und ihn schließlich in einen zahlenden Kunden umzuwandeln.

Fazit: 24/7 optimierter Kundenkontakt für mehr Leads.

Die Vorteile der Leadgenerierung über Chatbots liegen in der Automatisierung des Prozesses, der Skalierbarkeit und der Fähigkeit, rund um die Uhr mit potenziellen Kunden zu interagieren. Chatbots helfen auch dabei, qualifizierte Leads schneller zu identifizieren und sie steigern die Effizienz des Vertriebsteams, indem sie ihm relevante Informationen liefern.

Wichtig zu beachten ist aber, dass Chatbots nicht alle Aspekte der Leadgenerierung abdecken können. In komplexeren

Verkaufssituationen oder bei komplizierten Kundenfragen bleibt eine menschliche Interaktion erforderlich, um die Bedürfnisse des Kunden vollständig zu verstehen und angemessen darauf zu reagieren.

ALERTS: ALARM FÜR IHRE NEUE LEADS

Alerts sind automatisierte „Alarmsignale“: Benachrichtigungen, die auf bestimmte Ereignisse oder Kriterien reagieren, Alarm schlagen und in Folge relevante Informationen liefern. Diese Benachrichtigungen können Sie zur Leadgenerierung einsetzen, indem die Alerts potenzielle Leads für Sie identifizieren und Informationen über sie liefern.

So funktioniert die Leadgenerierung mit Hilfe von Alerts:

Die Verwendung von Alerts zur Leadgenerierung ist eine gezielte Methode, um mögliche Kunden aufzuspüren und sofort auf relevante Signale zu reagieren.

Zunächst richten Sie Alerts in einer geeigneten Plattform ein, wie zum Beispiel in sozialen Medien oder Suchmaschinen. Sie definieren die Suchkriterien, um genau die Informationen zu erfassen, die auf potenzielle Kunden hinweisen. Sobald die Alerts aktiviert sind, werden Sie sofort benachrichtigt, wenn relevante Inhalte oder Aktivitäten auftreten.

Sie prüfen die erhaltenen Alerts und identifizieren Personen oder Unternehmen, die Interesse an Ihrem Produkt oder Ihrer Dienstleistung haben könnten. Dann reagieren Sie schnell, indem Sie personalisierte Nachrichten oder Kommentare senden, um Ihr Interesse zu zeigen und relevante Informationen anzubieten. Nach dem ersten Kontakt setzen Sie das Lead-Nurturing fort, indem Sie weitere Nachrichten senden oder individuelle Lösungen anbieten.

Es ist ratsam, die identifizierten Leads in Ihr CRM-System zu integrieren, um den Fortschritt und den Erfolg Ihrer Bemühungen zu verfolgen. Die Leadgenerierung mit Alerts ermöglicht es Ihnen, potenzielle Kunden in Echtzeit zu erkennen und proaktiv auf sie zuzugehen. Es erfordert jedoch eine effiziente Organisation und schnelle Reaktion, um optimale Ergebnisse zu erzielen.

Beispiel: Trigger-Alerts in Bezug auf Baumaßnahmen

Angenommen, Sie sind ein Hersteller von Farben/ Lacke und interessieren sich dafür, potenzielle Kunden in Ihrem Gebiet zu finden, die Renovierungs- oder Neubauprojekte durchführen. Hier zeigt sich, wie Alerts Ihnen dabei helfen können:

Sie richten benutzerdefinierte Alerts in Suchmaschinen oder relevanten Plattformen ein und legen spezifische Suchkriterien fest. Diese Kriterien könnten Wörter wie "Renovierung", "Neubau" und Ihr geografisches Gebiet beinhalten.

Sobald die Alerts aktiviert sind, erhalten Sie sofort Benachrichtigungen, wenn relevante Informationen, Beiträge oder

Diskussionen online auftauchen. Dies kann in Form von Artikeln, Forenbeiträgen oder Social-Media-Posts sein.

Sie analysieren die erhaltenen Alerts und identifizieren Personen oder Unternehmen, die an Bau- oder Renovierungsprojekten in Ihrer Region interessiert sind. Dies sind potenzielle Kunden, die möglicherweise Bedarf an Ihren Fenstern haben.

Nun können Sie proaktiv auf diese Leads zugehen, indem Sie personalisierte Nachrichten senden oder Informationen zu Ihren Farbprodukten anbieten. Sie zeigen Ihr Interesse und Ihr Engagement für ihr Projekt.

Nach dem ersten Kontakt setzen Sie das Lead-Nurturing fort, indem Sie weitere Kommunikation und maßgeschneiderte Lösungen anbieten. Dies kann den Austausch von Angeboten, Beratungsgesprächen oder Einladungen zu Ausstellungen umfassen.

Die Nutzung von Alerts ermöglicht es Ihnen, potenzielle Kunden in Echtzeit zu identifizieren und in den Dialog zu treten, wenn sie aktiv nach Lösungen suchen. Dies erhöht die Chancen, neue Geschäftsmöglichkeiten in Ihrem spezifischen Markt zu gewinnen.

Fazit: Alarm setzen – reagieren – anpassen.

Alerts sind eine großartige Unterstützung für den Vertriebsalltag. Wichtig ist dabei, die Alerts sorgfältig einzurichten und die Kriterien regelmäßig zu überprüfen. Ein zu breit oder zu eng eingestellter Alert kann entweder zu einer Überlastung mit irrelevanten Leads oder zu einer verpassten Chance auf potenzielle Kunden führen. Daher ist es ratsam, die Alerts regelmäßig anzupassen und zu optimieren, um die bestmöglichen Ergebnisse zu erzielen.

WEBCRAWLING: DIE ZUKUNFT DER AUTOMATISIERTEN INFORMATIONSBESCHAFFUNG

Eine wesentlich intensivere Stufe als Alerts ist das Webcrawling.

Was Webcrawling-Tools im Allgemeinen tun und welche Funktionen sie bieten können, zeige ich nachfolgend in einer groben Zusammenfassung von ChatGPT:

1. **Datenextraktion:** Webcrawling-Tools sind darauf spezialisiert, Informationen von Websites zu extrahieren. Sie können Text, Bilder, Links, Meta-Daten und andere Arten von Inhalten erfassen.

2. **Automatisierung:** Diese Tools können den Extraktionsprozess automatisieren, um große Mengen an Daten von mehreren Websites oder Seiten zu sammeln, ohne dass manuell jede Seite besucht werden muss.

3. **Parsen von HTML und XML:** Die meisten Tools sind in der Lage, den HTML- und XML-Code einer Webseite zu analysieren und

gezielt nach bestimmten Elementen wie Überschriften, Absätzen oder Tags zu suchen.

4. **Filtern und Sortieren:** Sie können Webcrawling-Tools so konfigurieren, dass sie die gesammelten Daten nach bestimmten Kriterien filtern und sortieren. Dies ist besonders nützlich, um relevante Leads zu identifizieren.

5. **Scheduled Crawling:** Viele Tools ermöglichen es Ihnen, den Crawler zu planen, um regelmäßig nach neuen Informationen auf den Zielseiten zu suchen. Das ist hilfreich, um kontinuierlich aktuelle Leads zu generieren.

6. **Export von Daten:** Sie können die gesammelten Daten in verschiedenen Formaten exportieren, zum Beispiel in Excel-Tabellen, CSV-Dateien oder in eine Datenbank, um sie weiter zu verarbeiten.

7. **Anpassbarkeit:** Fortgeschrittene Webcrawling-Tools bieten oft eine hohe Anpassbarkeit. Sie können Regeln und Skripte erstellen, um den Crawler genau nach deinen Bedürfnissen zu konfigurieren.

8. **Proxy-Unterstützung:** Für das Crawlen von Websites, die IP-Einschränkungen haben, bieten einige Tools die Möglichkeit, Proxies zu verwenden, um IP-Sperren zu umgehen.

9. **Benutzeroberfläche:** Einige Tools haben benutzerfreundliche grafische Benutzeroberflächen, die es auch nicht-technischen Benutzern ermöglichen, Crawler zu erstellen und zu steuern.

10. Berichterstattung: Einige Tools bieten Berichterstattungsfunktionen, die es Ihnen ermöglichen, den Fortschritt des Crawlers zu überwachen und Statistiken über die gesammelten Daten zu generieren.

Denken Sie daran, dass die Funktionalität und die Fähigkeiten von Webcrawling-Tools je nach Tool variieren können. Die Wahl des richtigen Tools hängt von deinen spezifischen Anforderungen und technischen Fähigkeiten ab.

Webcrawling-Tools sind Softwareanwendungen, die entwickelt wurden, um Informationen aus dem Internet zu extrahieren. Sie sind äußerst vielseitig und können in einer Reihe von Anwendungsfällen eingesetzt werden. In Bezug auf die Leadgenerierung können Webcrawling-Tools verwendet werden, um potenzielle Kunden oder Geschäftspartner im Internet zu identifizieren.

Hier sind einige Beispiele für die Anwendung von Webcrawling-Tools zur Leadgenerierung:

1. Branchenbezogene Leads finden: Sie können Webcrawling-Tools verwenden, um Websites und Foren in Ihrer Branche zu durchsuchen, um potenzielle Kunden zu identifizieren, die nach Ihren Produkten oder Dienstleistungen suchen.

2. Jobportale durchsuchen: Wenn Sie B2B-Dienstleistungen anbieten, können Sie Webcrawling-Tools verwenden, um Jobportale nach Stellenangeboten zu durchsuchen, die auf eine Nachfrage nach deinen Lösungen hinweisen könnten.

3. Social-Media-Profile sammeln: Webcrawling-Tools können verwendet werden, um Informationen von Social-Media-Plattformen wie LinkedIn zu extrahieren, um potenzielle Geschäftskontakte zu identifizieren.

4. Verzeichnisse und Unternehmensdatenbanken durchsuchen: Sie können Webcrawling-Tools einsetzen, um Online-Verzeichnisse und Unternehmensdatenbanken zu durchsuchen, um Unternehmen zu finden, die zu Ihrem Zielmarkt passen.

5. Wettbewerbsanalyse: Webcrawling-Tools können dazu verwendet werden, die Online-Präsenz von Wettbewerbern zu analysieren und potenzielle Kunden zu identifizieren, die ihre Dienstleistungen in Anspruch nehmen.

6. Lead-Qualifizierung: Sie können Webcrawling-Tools verwenden, um zusätzliche Informationen über potenzielle Leads zu sammeln und sie zu qualifizieren, um sicherzustellen, dass sie zu Ihrem idealen Kundenprofil passen.

7. Kontaktinformationen sammeln: Webcrawling-Tools können dazu verwendet werden, Kontaktinformationen wie E-Mail-Adressen und Telefonnummern von potenziellen Leads zu extrahieren.

8. Neue Geschäftsmöglichkeiten identifizieren: Durch die regelmäßige Überwachung von Online-Quellen können Webcrawling-Tools dazu beitragen, neue Geschäftsmöglichkeiten frühzeitig zu erkennen.

Beispiele für Anwendungsfälle könnten sein:

Personalvermittlungsagenturen: Personalvermittlungsagenturen können Webcrawling nutzen, um nach Jobangeboten und Stellenausschreibungen zu suchen. Sie können Leads identifizieren, die aktiv nach neuen Karrieremöglichkeiten suchen, und ihnen passende Stellenangebote oder Karriereberatung anbieten.

Finanzdienstleister: Finanzdienstleister können Webcrawler verwenden, um nach Nachrichtenartikeln und Diskussionen über finanzielle Investitionen zu suchen. Dies ermöglicht es ihnen, Leads zu finden, die aktiv nach Anlagemöglichkeiten suchen, und ihnen entsprechende Finanzprodukte oder Dienstleistungen anzubieten.

Diese Beispiele veranschaulichen die Vielseitigkeit von Webcrawling-Tools bei der Identifizierung von Leads in verschiedenen Branchen und für verschiedene Geschäftszwecke.

Alerts vs. Webcrawling – Was ist der Unterschied? Klartext:

Webcrawling ist ein automatisierter Prozess zum Sammeln und Indexieren von Daten aus dem Internet. Es wird hauptsächlich für die Analyse, Datenerfassung und SEO verwendet.

Alerts sind Benachrichtigungen, die automatisch ausgelöst werden, wenn bestimmte Ereignisse oder Bedingungen im Internet auftreten. Sie liefern aktuelle Informationen zu einem bestimmten Thema und sind nützlich, um auf dem Laufenden zu bleiben oder Verkaufschancen in der Leadgenerierung zu identifizieren.

Der Unterschied: Webcrawling sammelt Daten, während Alerts Benutzer über aktuelle Ereignisse informieren.

ABER: Gibt es eine Möglichkeit beides zu kombinieren?

Ja, es gibt Kombinationsmöglichkeiten aus Webcrawling und Alerts, die Unternehmen nutzen können, um ihre Informationsbeschaffung und Leadgenerierung zu verbessern. Im Folgenden werden einige Beispiele aufgezeigt:

1. Webcrawling für Leadgenerierung mit Alerts: Ein Unternehmen kann Webcrawler einsetzen, um kontinuierlich nach potenziellen Leads im Internet zu suchen und Daten von verschiedenen Quellen zu sammeln. Diese Daten können dann in ein Alert-System integriert werden, um Benachrichtigungen zu generieren, wenn neue Informationen zu diesen Leads auftauchen. Dadurch lassen sich Leads in Echtzeit überwachen und auf darüber hinaus kann auf relevante Ereignisse oder Aktivitäten reagiert werden.

2. Wettbewerbsanalyse mit Alerts und Webcrawling: Unternehmen können Webcrawler verwenden, um Informationen über ihre Wettbewerber zu sammeln, wie zum Beispiel Produktankündigungen, Kundenbewertungen oder Markttrends. Diese Daten können in ein Alert-System integriert werden, um Benachrichtigungen zu generieren, wenn wichtige Wettbewerbsereignisse auftreten. Dies ermöglicht es, auf dem Laufenden zu bleiben und auf Veränderungen im Marktumfeld zu reagieren.

3. Nachrichtenüberwachung und Webcrawling: Unternehmen können Webcrawler einsetzen, um Nachrichtenquellen und soziale Medien auf relevante Themen oder Ereignisse zu durchsuchen. Die gesammelten Informationen können in Alerts umgewandelt werden, um Benachrichtigungen über wichtige Nachrichten oder Trends in Echtzeit zu erhalten.

4. Produktbewertungen und Kundenfeedback: Ein Unternehmen kann Webcrawler verwenden, um Kundenbewertungen und Feedback zu seinen Produkten oder Dienstleistungen zu sammeln. Diese Daten können in Alerts integriert werden, um Benachrichtigungen zu generieren, wenn neue Bewertungen oder Kommentare auftauchen. Dies ermöglicht es, auf Kundenfeedback schnell zu reagieren und Verbesserungen vorzunehmen.

Die Kombination von Webcrawling und Alerts bietet Unternehmen die Möglichkeit, proaktiv auf relevante Informationen zuzugreifen und schnelle Maßnahmen zu ergreifen. Dies kann dazu beitragen, die Leadgenerierung zu verbessern, den Wettbewerb zu überwachen und auf aktuelle Marktentwicklungen zu reagieren.

Beispiel: CRM-Anbieter

Ein Customer Relationship Management (CRM) - Hersteller kann Webcrawling und Alerts kombinieren, um seine Leadgenerierung zu optimieren. Hier ist ein konkretes Beispiel, wie dies funktionieren könnte:

Schritt 1: Webcrawling für die Datensammlung

Das Unternehmen setzt Webcrawler ein, um das Internet nach relevanten Informationen zu durchsuchen. Dies könnte das Scannen von Branchenmagazinen, sozialen Medien und Foren umfassen. Die Webcrawler sammeln Daten zu Nachrichten, Ankündigungen und Diskussionen über dieses Thema.

Schritt 2: Datenverarbeitung und -filterung

Die gesammelten Daten werden in einer Datenbank gespeichert und automatisch nach relevanten Kriterien gefiltert. Dies könnten Schlüsselwörter wie "Verbesserung der Kundenbindung", "Neueinführung", "Umstieg" oder einfach nur "CRM-Integration" sein. Dadurch werden potenzielle Leads identifiziert, die ein Interesse an CRM Systemen haben könnten.

Schritt 3: Alerts einrichten

Die identifizierten Leads werden in ein Alert-System integriert. Das System überwacht kontinuierlich die Aktivitäten dieser Leads und benachrichtigt das Vertriebsteam, wenn neue Informationen oder Ereignisse auftreten. Dies könnte beinhalten, dass ein Unternehmen ein neues Projekt ankündigt, bei dem ein CRM benötigt wird.

Schritt 4: Proaktive Ansprache

Sobald das Alert-System eine relevante Gelegenheit erkannt hat, kann das Vertriebsteam sofort reagieren. Sie können potenzielle Kunden kontaktieren, individuelle Angebote unterbreiten und Informationen zu ihrem CRM bereitstellen. Diese proaktive Ansprache erhöht die Chancen, neue Geschäfte abzuschließen.

Schritt 5: Lead-Nurturing

Nach dem Erstkontakt kann das Unternehmen das Lead-Nurturing fortsetzen, indem es Follow-up-Aktionen plant, zum Beispiel das Versenden von weiteren Informationen, das Einladen zu Produktpräsentationen oder das Anbieten von Beratungsdienstleistungen.

Durch die Kombination von Webcrawling und Alerts kann der CRM-Anbieter potenzielle Kunden in Echtzeit identifizieren und gezielt ansprechen, wenn sie aktiv nach CRM suchen. Dies steigert die Effizienz der Leadgenerierung und die Chancen auf erfolgreiche Geschäftsabschlüsse.

Fazit: Webcrawling ist eine leistungsstarke Methode zur automatisierten Informationsbeschaffung aus dem Internet. Webcrawling-Tools bieten umfangreiche Funktionen wie Datenextraktion, Automatisierung und Filterung. Sie finden Anwendung in der Leadgenerierung, beispielsweise beim Auffinden branchenrelevanter Leads oder der Überwachung von Wettbewerbern.

Die Kombination von Webcrawling und Alert-Systemen ermöglicht Unternehmen, proaktiv auf relevante Informationen zuzugreifen und in Echtzeit auf Marktentwicklungen zu reagieren. Dies steigert die Effizienz der Leadgenerierung und hilft, potenzielle Kunden gezielt anzusprechen. Ein Beispiel für einen CRM-Hersteller zeigt, wie diese Kombination erfolgreich genutzt werden kann, um Leads zu generieren und den Verkauf anzukurbeln.

Insgesamt bieten Webcrawling und Alerts Unternehmen die Möglichkeit, ihre Informationsbeschaffung zu optimieren, ihre Wettbewerbsposition zu stärken und erfolgreichere Geschäftsabschlüsse zu erzielen.

AUTOMATISIERTE POSTS: SICHTBARKEIT IN DEN SOZIALEN MEDIEN

Posts in den Social Media-Kanälen schaffen Aufmerksamkeit und können Leads generieren. So viel ist klar. Die Frage ist allerdings für die meisten Unternehmer, wie sie es schaffen, regelmäßig sinnvolle, zielführende, wirksame Posts zu setzen. Automatisierte Posts lautet die naheliegende Antwort – und hier erfahren Sie die Details dazu.

Leadgenerierung durch automatisierte Posts folgt immer einem sehr ähnlichen Prozess. Wie gehabt muss die Zielgruppen-Definition feststehen. Wer sind die potenziellen Kunden, die Sie ansprechen möchten? Welche demografischen Merkmale, Interessen oder Bedürfnisse haben sie?

Der Content-Plan entsteht auf Basis der Zielgruppendefinition: Welche Art der Inhalte (Blogposts, Infografiken, Videos oder Social-Media-Beiträge) sollen es werden? Wie oft und auf welchen Plattformen sollen Ihre Inhalte veröffentlicht werden?

Es gibt verschiedene Tools und Plattformen, die die automatisierte Veröffentlichung von Beiträgen ermöglichen: Ich empfehle Social-Media-Management-Tools wie Hootsuite, Buffer oder Sprout Social. Mit diesen Tools können Sie Beiträge im Voraus planen und automatisch veröffentlichen.

Dann geht es an das Verfassen der Beiträge: Sie (oder die KI) erstellen hochwertige Inhalte, die informativ, ansprechend und relevant – und natürlich auf die Bedürfnisse und Interessen Ihrer Zielgruppe zugeschnitten sind. Sie sollten immer eine Call-to-Action (CTA) einbinden: eine Aufforderung zur Anmeldung für den Newsletter, das Ausfüllen eines Kontaktformulars oder der Besuch einer Landing Page sein. Die CTA muss klar formuliert sein und die Vorteile für den Leser deutlich machen.

Die Veröffentlichung der Beiträge können Sie mithilfe des ausgewählten Automatisierungstools planen. Auch das Tracking ist wichtig: vor allem, die Leistung der Posts zu überwachen und mittels Analysedaten zu verstehen, welche Beiträge gut funktionieren – und wann es an der Zeit ist, die Strategie anzupassen.

Fazit: Posts will be Posts.

Die automatisierten Posts sind immer nur ein Teil des Leadgenerierungsprozesses. Ich möchte an dieser Stelle auf meine später aufgeführte Methode 55 hinweisen. Mit einer cleveren Gesamtstrategie lassen sich maximale Ergebnisse erzielen.

OFFIZIELLE AUSSCHREIBUNGEN: PASSENDE PROJEKTE UND LEADS GEWINNEN

Es gibt Websites, Software und Unternehmen, die automatisch über Ausschreibungen informieren, die für Ihr Unternehmen relevant sein könnten. Diese Benachrichtigungen beruhen auf bestimmten Suchkriterien wie Schlüsselwörtern, CPVs (Common Procurement Vocabulary), Standorten oder anderen Faktoren.

Darüber hinaus können Sie KI-gestützte Tools und Programme nutzen, die wie Chatbots funktionieren, um Ausschreibungen automatisch auf ihre Relevanz für Ihr Unternehmen zu prüfen. Diese Tools verwenden Techniken der natürlichen Sprachverarbeitung, um die Ausschreibungsdokumente zu verstehen und wichtige Informationen herauszufiltern.

So können Sie automatisch herausfinden, ob eine Ausschreibung für Ihr Unternehmen wichtig ist. Sie haben die Möglichkeit, individuelle Suchkriterien festzulegen, damit das System Sie über passende Ausschreibungen benachrichtigen kann.

Die Auswahl an Tools und Plattformen kann je nach Ihren speziellen Anforderungen und Standorten variieren. Es ist entscheidend, das Tool oder die Plattform auszuwählen, das am besten zu Ihren Bedürfnissen passt, um relevante Ausschreibungen effizient zu erkennen und darauf zu reagieren.

Fazit: In der Welt der Ausschreibungen heißt es: Wer zuerst kommt, mahlt zuerst! Mit cleveren Tools und KI-Lösungen wird die Suche nach Projekten zum Kinderspiel. Ausschreibungsdokumente? Kein Problem, die werden gescannt und relevante Infos herausgepickt. Zeit sparen, Chancen erhöhen – das ist der Turbo für Ihr Business!

FIRMENGRÜNDUNGSPORTALE: NEUE UNTERNEHMEN, NEUE CHANCEN

Firmengründungsportale bieten Ihnen die Möglichkeit, neu gegründete Unternehmen zu identifizieren und potenzielle Geschäftsmöglichkeiten zu generieren. Indem Sie solche Plattformen durchforsten, können Sie potenzielle Partner, Kunden oder Lieferanten finden, die kürzlich an den Markt gegangen sind – direkt auf diese zugehen und mögliche Kooperationen und Geschäftsbeziehungen aufbauen!

Die Portale stellen Informationen über neu gegründete Unternehmen bereit, einschließlich der Kontaktdaten, Geschäftsbeschreibungen und gegebenenfalls der Branchenspezifika. Was will man mehr?

Ein mir bekanntes Portal ist unternehmen24.info.

Ein Beispiel: Leadgenerierung über ein Portal – Vertrieb von Dachziegeln

Ein Dachziegelhersteller sucht nach neuen Vertriebspartnern und nutzt eine Plattform für Firmengründungen. Dort findet er einen Eintrag über einen Dachziegelhändler, der vor Kurzem neu gegründet hat. Er kontaktiert diesen Händler und bespricht wenig später mit ihm die Kooperationsmöglichkeiten. So einfach und so schnell: Durch die Nutzung der Plattform konnte der Dachziegelhersteller seine Vertriebsreichweite erweitern.

Fazit: Firmengründungsportale sind wahre Fundgruben für neue Geschäftschancen. Sie ermöglichen es, frisch gegründete Unternehmen zu identifizieren und direkt auf sie zuzugehen.

GOOD OLD CLASSIC: DIE TELEFONDIENSTLEISTER

Die Grundidee ist ganz einfach: Sie geben Ihre Leadgenerierung an andere ab. Externe Dienstleister (zum Beispiel spezialisierte Callcenter oder Telemarketing-Agenturen) führen im Auftrag Ihres Unternehmens anhand eines Leitfadens Telefonanrufe durch. Die Telefondienstleister versuchen, in Ihrem Namen potenzielle Kunden anzusprechen, Interesse an den angebotenen Produkten oder Dienstleistungen zu wecken und Präsentationstermine für Sie zu vereinbaren. Jeder gelieferte Kontakt ist ein Lead.

Beim Prozess der Leadgenerierung mit externen Telefondienstleistern sollten Sie folgende fünf Aspekte beachten:

Definition der Zielgruppe

Arbeiten Sie unbedingt anfangs eng mit dem Telefondienstleister zusammen, um die Zielgruppe klar zu definieren. Dies umfasst wie eingangs beschrieben alle relevanten Kriterien, um sicherzustellen, dass die richtigen potenziellen Kunden angesprochen werden.

Skripte und Schulungen

Gemeinsam mit dem Telefondienstleister entwickeln Sie Gesprächsskripte, die dafür sorgen, dass die Kommunikation konsistent und auf die Bedürfnisse der potenziellen Kunden zugeschnitten ist. Der Dienstleister schult seine Mitarbeiter gründlich, sodass diese Ihre Produkte oder Dienstleistungen gut verstehen und professionell vertreten können.

Durchführung der Telefonanrufe

Die Telefondienstleister tun, was eben ihr Job ist: Sie nehmen Kontakt mit potenziellen Kunden auf und führen Gespräche basierend auf den definierten Zielen und Skripten. Sie sammeln Informationen über das Interesse der Kunden, beantworten Fragen, vermitteln den Nutzen Ihrer Produkte oder Dienstleistungen – und wecken weitergehendes Interesse.

Leadqualifizierung

Während der Telefonate qualifizieren die Telefondienstleister die potenziellen Kunden. Das heißt, sie entscheiden, ob der Kunde den vorab festgelegten Kriterien Ihres Unternehmens entspricht und als qualifizierter Lead eingestuft werden kann.

Datenerfassung

Wird dein Lead als qualifiziert eingestuft, werden die Telefondienstleister alle relevanten Informationen über diesen erfassen, einschließlich Kontaktdaten, spezifischer Anforderungen oder Interessen. Diese Daten stehen Ihnen dann zur Verfügung, um den weiteren Verkaufsprozess optimal zu planen.

Follow-ups und Lead-Management

Nach den Telefonanrufen übernehmen Sie dann das Follow-up mit den generierten Leads. Sie versenden E-Mails, planen Verkaufstermine, führen weitere Gespräche – Sie tun alles, um die Interessenten weiter zu betreuen und in zahlende Kunden umzuwandeln.

Fazit: Experten liefern Leads – Sie bleiben beim Kerngeschäft!

Die Leadgenerierung mit externen Telefondienstleistern bietet Ihnen den Vorteil, dass Sie qualifizierte Leads generieren können, ohne die Ressourcen und das Fachwissen intern aufbringen zu müssen. Die externen Dienstleister sind auf die Telefonakquise spezialisiert und verfügen über erfahrene Agenten, die professionell und effektiv mit potenziellen Kunden kommunizieren können. So können Sie Ihren Vertrieb schnell erweitern, neue Märkte erschließen und den Umsatz steigern.

VIDEOS: EYE-CATCHER UND EMOTIONSTRÄGER

Bewegtbild zieht Aufmerksamkeit auf sich. Genau, was Sie sich wünschen, um Ihr Unternehmen zu präsentieren. In einer Videobotschaft lassen sich Produkte und Dienstleistungen sehr gut erklären, emotional vermitteln und der (potenzielle) Kunde individuell ansprechen. Die personalisierten Videos können Sie per E-Mail versenden oder auf Social Media-Plattformen platzieren – und erreichen so eine persönlichere und ansprechendere Kontaktaufnahme und Kommunikation.

Ihren Inhalten wird von Anfang an mehr Aufmerksamkeit geschenkt, die Botschaften bzw. Handlungsaufforderungen stärker verinnerlicht. Daher sind Videobotschaften eine charmante und sehr vielseitige Möglichkeit, um Leads zu generieren!

Hier sind einige Details im Umgang mit Videobotschaften:

Personalisieren Sie die Videobotschaften

Sie können ganz gezielte Botschaften an potenzielle Kunden senden: Es gibt die Möglichkeit, den Namen des Empfängers in das

Video einzufügen, spezifische Informationen über dessen Unternehmen oder Interessen zu erwähnen – und sogar auf vorherige Interaktionen oder Gespräche Bezug zu nehmen. Der Empfänger wird über diese individuelle und maßgeschneiderte Erfahrung staunen. Und im besten Fall direkt eine persönliche Bindung zu Ihrem Unternehmen verspüren.

Lassen Sie Emotionen wirken

Videos haben eine stark emotionale Wirkung und können Gefühle besser vermitteln als rein textbasierte Kommunikation. Durch die Kombination von Bildern, Musik, Sprache und Gestik können Sie Ihren Botschaften eine persönliche Note hinzufügen und Informationen so effektiver vermitteln. Das Interesse und die Aufmerksamkeit der Empfänger wird steigen.

Fordern Sie Ihre Zuschauer auf

Personalisierte Videos haben das Potenzial, das Engagement der potenziellen Kunden zu steigern. Durch anfangs gestreute Informationen sollten Sie die Empfänger dazu ermutigen, das Video anzusehen und sich intensiver mit der Botschaft auseinanderzusetzen. Dies kann die Wahrscheinlichkeit erhöhen, dass potenzielle Kunden auf den Call-to-Action im Video reagieren und weitere Schritte unternehmen. Let's do it!

Nutzen Sie die Größe des sozialen Netzwerks

Die inzwischen unzähligen Social Media-Kanäle bieten Ihnen eine breite Reichweite. Ihre Videos werden an eine große Anzahl potenzieller Kunden gesendet. Plattformen wie Facebook, Instagram, LinkedIn oder YouTube eignen sich gut für die Veröffentlichung von personalisierten Videos, da sie eine gigantische Nutzerbasis haben.

Tracken, analysieren und optimieren Sie!

E-Mail-Marketing-Plattformen und Social-Media-Plattformen bieten Funktionen zum Tracking und zur Analyse von Videoaufrufen, Klicks und anderen Interaktionen. So können Sie die Leistung Ihrer personalisierten Videos messen und analysieren, was die besten Ergebnisse erzielt. Eine perfekte Datenbasis, um Ihre Marketingstrategie zu optimieren!

Fazit: Gesehen werden und in Erinnerung bleiben!

Die Verwendung von personalisierten Videos zur Leadgenerierung über E-Mail oder Social Media ist eine kraftvolle und effektive Methode, um das Interesse potenzieller Kunden zu wecken und sie vor allem zur Handlung zu bewegen.

Gleichzeitig bauen Sie schon beim Erstkontakt eine stärkere Verbindung zu Ihren Kunden und Zielgruppen auf. Es warten nicht nur mehr Kunden auf Sie – es entstehen vor allem Kontakte zu Kunden, die sich mit Ihrem Unternehmen (Ihrem Produkt) identifizieren und verbunden fühlen.

Ein genialer Weg zu mehr Leads – und ist die Investition auf jeden Fall wert.

WE WANT YOU: ÜBER STELLENANZEIGEN NEUE LEADS GEWINNEN

Stellenanzeigen weisen ganz direkt auf den aktuellen Bedarf eines Unternehmens hin: Eine offene Stelle signalisiert, dass das Unternehmen aktiv nach Lösungen sucht. Das ist definitiv ein guter Zeitpunkt, um sich als Lösungsanbieter zu positionieren und auf diese Weise Leads zu generieren.

Sie analysieren die Anforderungen und Qualifikationen in den Anzeigen und erkennen so die aktuellen Herausforderungen des Unternehmens. Folglich sind Sie in der Lage, die passenden Lösungen anzubieten: Durch eine gezielte Ansprache können Sie Ihr Angebot optimal präsentieren und gleich mit dem individualisierten Erstkontakt eine Geschäftsbeziehung aufbauen.

Ein Beispiel: IT-Systeme gesucht – und gefunden. Ein etabliertes Systemhaus, das Dienstleistungen im Bereich der IT-Implementierung und Beratung anbietet, ist stets auf der Suche nach neuen Geschäftsmöglichkeiten. Wenn ein großes Unternehmen eine Stellenausschreibung für MS Dynamics Spezialisten veröffentlicht, ist es sehr wahrscheinlich, dass das Unternehmen Bedarf an MS Dynamics-basierten Lösungen bzw. generell an IT-Unterstützung hat.

Das Systemhaus kann die Stellenausschreibung als potenzielle Lead-Gelegenheit betrachten. Es könnte das Unternehmen kontaktieren und seine Kompetenz und Erfahrung in der Bereitstellung von MS Dynamics-Dienstleistungen präsentieren. Das Systemhaus kann darauf hinweisen, dass es über ein Team erfahrener MS Dynamics-Spezialisten verfügt und in der Lage ist, als erfahrener Partner maßgeschneiderte Lösungen bereitzustellen, die den Anforderungen des Unternehmens entsprechen – letztlich die klassische Akquise-Präsentation vornehmen.

Indem das Systemhaus aktiv auf die Stellenausschreibungen achtet, kann es dem Unternehmen helfen, ihren Personalbedarf zu decken und gleichzeitig den Mehrwert durch eigene Fachkenntnisse und Lösungen erläutern. Durch proaktives Handeln und die zeitnahe Präsentation der eigenen Expertise kann das Systemhaus als bevorzugter Partner für das suchende Unternehmen positioniert werden.

Fazit: Wer zuerst kommt, generiert zuerst.

Das Beispiel macht es deutlich: Wenn Sie automatisch auf relevante Stellenausschreibungen hingewiesen werden, können Sie zeitnah reagieren. Sie bieten im perfekten Moment des Bedarfs an Ihrem Produkt/Ihrer Dienstleistung genau das an, was gesucht wird.

VERANSTALTUNGEN: SAMMELBECKEN QUALIFIZIERTER LEADS

Veranstaltungen sind die nächste wertvolle Möglichkeit, um potenzielle Kunden anzusprechen, Beziehungen aufzubauen und qualifizierte Leads zu generieren. Für mich eine der besten Möglichkeiten!

Veranstaltungen können z.B. Messen sein, Konferenzen, Webinare oder Networking-Events – sie alle bringen Menschengruppen mit ähnlichen Interessen zusammen. Das schafft Ihnen eine hervorragende Plattform, um im optimalen Umfeld die Aufmerksamkeit auf Ihr Unternehmen zu lenken.

Sie haben hier die Möglichkeit, gezielt ihre Zielgruppen anzusprechen. Denn durch die Teilnahme an branchenspezifischen Veranstaltungen oder Events, die sich auf bestimmte Interessensgebiete konzentrieren, können Sie sicher sein, dass Sie auf potenzielle Kunden treffen, die bereits ein gewisses Interesse an den angebotenen Lösungen haben. Die Wahrscheinlichkeit ist deutlich höher, dass die Teilnehmer (= potenzielle Kunden) offen für neue Möglichkeiten sind.

Zudem bieten Veranstaltungen die Gelegenheit für persönlichen Kontakt – und persönliche Gespräche hinterlassen einen tieferen Eindruck als digitale Kommunikation, soviel steht fest. Veranstaltungen bieten die Möglichkeit für persönliche

Interaktionen zwischen Ihnen und Ihren potenziellen neuen Kunden. Sie können Gespräche führen, Fragen beantworten, Ihr Fachwissen demonstrieren und Vertrauen aufbauen. Diese persönliche Note trägt dazu bei, dass Sie im Gedächtnis bleiben und von Anfang an eine Vertrauensbeziehung ensteht. Sie bekommen zudem ein besseres Gefühl für Ihr Gegenüber (Ihren Kunden).

Im Sinne des nativen Marketings werden Sie auf Veranstaltungen keine Verkaufsabsichten aufweisen, sondern indirekt auf sich aufmerksam machen und in interaktiven Erlebnissen Ihre Kompetenz präsentieren. Bei Impulsvorträgen oder Live-Demos zum Beispiel können potenzielle Kunden Ihre Lösungen in Aktion sehen und den Mehrwert für das eigene Unternehmen besser verstehen.

Veranstaltung = qualifizierter Netzwerk-Ausbau!

Veranstaltungen sind hervorragende Gelegenheiten für Networking: Kontakte zu anderen Branchenexperten, potenziellen Partnern oder sogar Konkurrenten lassen sich hier zahlreich knüpfen. Ein gut etabliertes Netzwerk ist eine wertvolle Quellen für Geschäftsmöglichkeiten und Empfehlungen. Über Ihr Partner-Netzwerk können Sie auch jenseits der Veranstaltung noch Kunden gewinnen, die nicht auf der Veranstaltung waren oder nicht angesprochen wurden.

Die Kontakte, die Sie auf oder in Zusammenhang mit der Veranstaltung machen, können Sie direkt qualifizieren: Durch persönliche Gespräche und Interaktion lässt sich gut einschätzen, wo Potenzial für eine Conversion ist.

Ganz nebenbei sammeln Sie Informationen über die Bedürfnisse, Herausforderungen und Ziele der potenziellen Kunden und können dann maßgeschneiderte Follow-ups planen – und wie immer bei guter Datenmenge auswerten, was sich gelohnt und bewährt hat und was Sie in Zukunft anders machen wollen.

Gehen Sie selbst als Besucher auf Fachmessen!

Im Kontext einer Fachmesse beschreibe ich nun die Vorteile einer Besucherkarte am Beispiel eines Herstellers von Sensorentechnik:

Für einen Hersteller von Sensorentechnik eröffnen sich auf Fachmessen zahlreiche Vorteile, wenn er die Rolle des Besuchers einnimmt. Ohne die Verpflichtungen eines eigenen Standes bietet sich finanzielle Flexibilität durch den Verzicht auf Standmiete. Die Freiheit, von Stand zu Stand zu gehen, ermöglicht eine gezielte Ansprache von potentiellen Kunden. Die Unabhängigkeit von einem eigenen Stand bedeutet auch, dass kein zusätzliches Personal für die Standbetreuung erforderlich ist, was kosteneffizient ist. Zudem entfällt das Warten und Bangen, dass potenzielle Kunden zum Stand kommen – als Besucher hat man die Initiative selbst in der Hand.

Fazit: Sie selbst sind Ihre beste Werbung

Insgesamt bieten Veranstaltungen eine wertvolle Gelegenheit, neue Leads zu generieren und bestehende Kundenbeziehungen zu stärken. Durch gezielte Ansprache, persönliche Interaktionen, Live-Demonstrationen, Networking-Möglichkeiten, Lead-Qualifizierung können Sie das volle Potenzial von Veranstaltungen zur Leadgenerierung nutzen und Ihren Umsatz steigern. Dank der

Messbarkeit der Daten können Sie dabei von Mal zu Mal erfolgreicher werden!

DIE MAGISCHE KRAFT VON FIRMENEVENTS

Firmenevents spielen eine entscheidende Rolle bei der Leadgenerierung und Kundenbindung. Sie ermöglichen persönliche Verbindungen und den Aufbau von Vertrauen. Durch Produktpräsentationen können Leads den Wert Ihrer Angebote hautnah erleben, während Networking-Möglichkeiten wertvolle Kontakte schaffen. Firmenevents schaffen einzigartige Erfahrungen, die in Erinnerung bleiben und Ihr Unternehmen von Mitbewerbern abheben. Sie belohnen die Treue bestehender Kunden und fördern die Kundenbindung. Gleichzeitig bieten sie eine entspannte Umgebung, um neue Leads zu gewinnen. Insgesamt sind Firmenevents eine effektive Strategie, um Beziehungen aufzubauen und Geschäftserfolg zu fördern.

Erfolgsbeispiel Oktoberfest

Warum kann die Einladung zum Oktoberfest so erfolgreich für die Gewinnung von potentiellen Interessenten und Kundenbindung sein? Ganz einfach: Sie schaffen eine persönliche Verbindung in entspannter Atmosphäre. Das Oktoberfest ist ein unvergessliches Erlebnis, das Kunden und Interessenten im Gedächtnis bleibt. Hier kombinieren Sie geschäftliche Interessen mit Spaß und zeigen gleichzeitig regionalen Bezug. Das Ergebnis? Ein erfolgreicher

Schulterschluss zwischen Ihrem Unternehmen und Ihren Kontakten, der nachhaltig Eindruck hinterlässt.

In vielen Kulturen gilt die Redewendung "Wer miteinander trinken kann, kann auch Geschäfte machen". Sie besagt, dass das gemeinsame Trinken von Alkohol in informellen Situationen dazu beitragen kann, das Vertrauen und die Beziehung zwischen Geschäftspartnern zu stärken und Geschäftsabschlüsse zu fördern. Allerdings variiert die Bedeutung von Alkohol in Geschäftsverhandlungen je nach Kultur und Branche. Ein verantwortungsbewusster Umgang ist natürlich immer wichtig.

Fazit: Firmenevents sind der Schlüssel zur erfolgreichen Leadgenerierung und Kundenbindung. Sie schaffen persönliche Verbindungen und setzen Ihr Unternehmen von Mitbewerbern ab. Ein Beispiel? Das Oktoberfest! Hier verbinden sich geschäftliche Interessen mit Spaß und Regionalbezug. In diesem Sinne: O'zapft is! (Bier und/ oder Interessent)

PARTNERVERTRIEB: GEMEINSAM STÄRKER

Achtung: Die Leadgenerierung durch Empfehlungen und der professionelle Partnervertrieb sind zwei unterschiedliche Ansätze, um potenzielle Kunden zu gewinnen. Jeder Ansatz hat seine eigenen Stärken und Vorteile. Lassen Sie uns beide Ansätze genauer betrachten:

1. Leadgenerierung durch Empfehlungen:

Wenn es um die Leadgenerierung durch Empfehlungen geht, stützt sich dieser Ansatz auf das Vertrauen und die Beziehungen zwischen Menschen. Nachfolgend sind einige Schlüsselmerkmale dieses Ansatzes aufgeführt:

Vertrauen und Glaubwürdigkeit: Dieser Ansatz nutzt bestehende Beziehungen und das Vertrauen, das Menschen in ihre Freunde, Familie oder Kollegen haben. Wenn jemand von einer Vertrauensperson eine Empfehlung erhält, ist die Wahrscheinlichkeit höher, dass er sich für das beworbene Produkt oder die Dienstleistung interessiert.

Netzwerke nutzen: Personen, die diese Methode nutzen, setzen auf ihr persönliches oder berufliches Netzwerk, um Empfehlungen zu generieren. Dies kann sowohl online (zum Beispiel in sozialen Medien) als auch offline (zum Beispiel bei persönlichen Treffen) erfolgen.

Kosten:
Die Kosten für die Leadgenerierung durch Empfehlungen sind in der Regel niedriger, da sie auf bestehenden Beziehungen basiert und weniger Marketingausgaben erfordert.

2. Professioneller Partnervertrieb:

Der professionelle Partnervertrieb hingegen konzentriert sich auf die Zusammenarbeit mit anderen Unternehmen oder professionellen Partnern, um Leads und Kunden zu gewinnen. Hier sind einige wichtige Aspekte dieses Ansatzes:

B2B-Fokus: Dieser Ansatz ist oft im B2B-Bereich (Business-to-Business) anzutreffen, bei dem Unternehmen mit anderen Unternehmen zusammenarbeiten, um ihre Produkte oder Dienstleistungen zu vertreiben.

Skalierbarkeit: Der professionelle Partnervertrieb kann leichter skaliert werden, da er auf Partnerschaften mit verschiedenen Unternehmen basiert, die ihre eigenen Kundenstämme haben. Dies ermöglicht es, eine breitere Zielgruppe anzusprechen.

Zusätzliche Ressourcen: Durch Partnerschaften können Unternehmen von den Ressourcen und Fähigkeiten ihrer Partner profitieren, was zu einer effektiveren Leadgenerierung führen kann.

Zusammenfassend lässt sich sagen, dass die Leadgenerierung durch Empfehlungen auf persönlichen Beziehungen und Vertrauen basiert, während der professionelle Partnervertrieb auf strategischen Partnerschaften und Skalierbarkeit ausgerichtet ist. Die Wahl zwischen diesen Ansätzen hängt von den Zielen, der Branche und den Ressourcen eines Unternehmens ab. Beide Ansätze können erfolgreich sein, wenn sie richtig umgesetzt werden, und sie können sogar miteinander kombiniert werden, um die Reichweite und Effektivität der Leadgenerierung zu maximieren.

Hier sind einige wichtige Aspekte der Leadgenerierung über Partnervertrieb:

Partnerschaftsauswahl: Identifizieren Sie strategische Partner, die über eine ähnliche Zielgruppe verfügen und ergänzende Produkte oder Dienstleistungen anbieten. Dadurch können Sie von deren bestehenden Kundenstamm und deren Expertise profitieren.

Klare Vereinbarungen: Legen Sie klare Vereinbarungen und Erwartungen fest, wie die Leadgenerierung erfolgen soll. Definieren Sie die Aufgaben, Verantwortlichkeiten und Vergütungsstrukturen, um sicherzustellen, dass beide Parteien von der Partnerschaft profitieren.

Gemeinsame Marketingaktivitäten: Arbeiten Sie mit Ihren Partnern zusammen, um gemeinsame Marketingaktivitäten durchzuführen. Dies kann die Erstellung von Co-Branding-Materialien, die Durchführung von Webinaren oder die gemeinsame Teilnahme an Veranstaltungen umfassen.

Schulungen und Ressourcen: Stellen Sie Ihren Partnern Schulungen und Ressourcen zur Verfügung, um sicherzustellen, dass sie über das Wissen und die Tools verfügen, um Leads effektiv zu generieren. Dies kann Schulungen zu Ihren Produkten oder Verkaufsmaterialien beinhalten.

Lead-Tracking und Reporting: Implementieren Sie ein System zur Erfassung und Verfolgung von generierten Leads. Stellen Sie sicher, dass Ihre Partner Informationen über die generierten Leads zurückmelden, damit Sie den Erfolg der Partnerschaft messen und verbessern können.

Regelmäßige Kommunikation: Pflegen Sie eine offene und regelmäßige Kommunikation mit Ihren Partnern. Besprechen Sie Herausforderungen, teilen Sie Best Practices und unterstützen Sie sich gegenseitig, um die Leadgenerierung zu maximieren.

Belohnungssysteme: Erwägen Sie die Implementierung von Belohnungssystemen für Partner, die erfolgreich Leads generieren. Dies kann finanzielle Anreize, Provisionen oder andere Anreize umfassen, um die Motivation und das Engagement der Partner zu steigern.

Feedback und Optimierung: Nehmen Sie regelmäßig Feedback von Ihren Partnern entgegen und nutzen Sie dieses, um Ihre Leadgenerierungsstrategie und die Partnerschaft zu optimieren. Identifizieren Sie Bereiche, die verbessert werden können, und arbeiten Sie gemeinsam an Lösungen.

Die Leadgenerierung über Partnervertrieb bietet den Vorteil eines erweiterten Netzwerks, zusätzlicher Ressourcen und einer breiteren Reichweite, um potenzielle Kunden anzusprechen. Durch die Zusammenarbeit mit vertrauenswürdigen Partnern können Sie Ihre Leadgenerierungsaktivitäten effektiv skalieren und das Wachstum Ihres Unternehmens vorantreiben.

Die direkte Kontaktaufnahme potenzieller Kunden beim Hersteller stellt eine effektive Möglichkeit dar, neue Partner zu akquirieren. Wenn ein potenzieller Kunde von sich aus Interesse an den

Produkten oder Dienstleistungen des Herstellers zeigt, bietet dies die Gelegenheit, eine Partnerschaft zu etablieren. Durch die Weitergabe der Informationen des potenziellen Kunden an einen geeigneten Partner oder die aktive Ansprache potenzieller Partner kann der Hersteller sein Partnernetzwerk erweitern. Diese Art der Leadgenerierung ermöglicht es dem Hersteller, gezielt qualifizierte Partner zu gewinnen, die dazu beitragen können, den Vertriebserfolg zu steigern und das Kundennetzwerk auszubauen. Die direkte Kontaktaufnahme seitens potenzieller Kunden stellt somit eine wertvolle Möglichkeit dar, neue Partnerschaften im Unternehmen zu etablieren und den Vertrieb zu stärken.

Der Partnervertrieb kann auf verschiedene Weisen bei der Leadgenerierung helfen:

Erweiterung des Netzwerks

Durch die Zusammenarbeit mit Partnern kann der Hersteller sein Netzwerk erweitern und Zugang zu neuen Märkten, Branchen oder Kundensegmenten erhalten. Partner verfügen oft über eigene Kundenstämme und Kontakte, die für den Hersteller potenzielle Leads darstellen.

Lokales Markt-Know-how

Partner, die in bestimmten Regionen oder Märkten ansässig sind, bringen ein tiefgreifendes Verständnis für die lokalen Gegebenheiten mit. Sie können bei der Identifizierung und Ansprache potenzieller Kunden in ihren Märkten helfen, was zu einer verbesserten Leadgenerierung führen kann.

Branchenspezifische Expertise

Partner können über spezifisches Fachwissen und Erfahrung in bestimmten Branchen oder Nischen verfügen. Dies ermöglicht eine gezielte Ansprache von potenziellen Kunden mit maßgeschneiderten Lösungen und Inhalten, was die Effektivität der Leadgenerierung erhöht.

Vertrauen und Glaubwürdigkeit

Bestehende Kundenbeziehungen der Partner können Vertrauen und Glaubwürdigkeit für den Hersteller hervorbringen. Empfehlungen und positive Erfahrungen von Partnern können potenzielle Kunden dazu motivieren, Interesse an den Produkten oder Dienstleistungen des Herstellers zu entwickeln und zu Leads zu werden.

Synergien und Kooperationen

Durch den Partnervertrieb können gemeinsame Marketingaktivitäten, wie beispielsweise Co-Branding-Kampagnen, gemeinsame Webinare oder Veranstaltungen, durchgeführt werden. Diese Bemühungen können die Reichweite erhöhen und die Sichtbarkeit des Herstellers bei potenziellen Kunden steigern, was wiederum zu einer erhöhten Leadgenerierung führen kann.

Skalierbarkeit der Leadgenerierung

Der Partnervertrieb ermöglicht es dem Hersteller, seine Leadgenerierungsbemühungen zu skalieren, indem er auf das

Netzwerk und die Ressourcen der Partner zugreift. Mehrere Partner können gleichzeitig Leads generieren, was zu einem breiteren Kundenstamm und einem höheren Potenzial für Abschlüsse führen kann.

Fazit: Indem der Partnervertrieb in die Leadgenerierungsstrategie integriert wird, können Unternehmen von den Ressourcen, Erfahrungen und Netzwerken ihrer Partner profitieren, um eine effektive und effiziente Leadgenerierung zu gewährleisten. Die Zusammenarbeit mit Partnern eröffnet neue Möglichkeiten und erlaubt es Unternehmen, ihre Reichweite zu erweitern und qualifizierte Leads zu generieren.

WEBINARE: DIE LEADGENERIERUNGSGIGANTEN!

Webinare sind ein Lead-Garant: Menschen, die sich für Ihre Inhalte interessieren, melden sich mit ihren Kontaktdaten für Ihr Webinar an. Sie erhalten qualifizierte Leads und können vorab erfragen, was die Teilnehmer am meisten interessiert, was sie brauchen etc. – somit haben Sie neue Kunden, deren Bedürfnisse Sie bereits kennen. In Ihren Webinaren können Sie Ihre wertvollsten Inhalte teilen, den Teilnehmern schon einen Mehrwert mitgeben (eine konkrete Hilfe oder Information) und dabei auf Verkaufsabsichten komplett verzichten: Die Leads melden sich ja von selbst.

Ein Webinar bietet an vielen Stellen die Möglichkeit, Leads zu generieren bzw. daraufhin zu wirken. Hier zeige ich Ihnen, wie:

Registrierungsformular

Um an einem Webinar teilzunehmen, müssen Interessenten sich in der Regel registrieren. Die Datensammlung (Name, E-Mail-Adresse und Unternehmen) ist Ihre perfekte Liste potenzieller Kunden, die bereits Interesse an Ihren Inhalten gezeigt haben. Das Registrierungsformular sollte klar kommunizieren, welche Vorteile das Webinar bietet, um die Teilnehmer zum Ausfüllen zu motivieren.

E-Mail-Marketing

Sobald sich Interessenten für das Webinar registriert haben, können Sie diese in Ihre Kontaktliste für Ihre E-Mail-Marketing-Kampagnen aufnehmen. Vor dem Webinar versenden Sie E-Mails, um die Teilnehmer über den Termin, die Themen und die Sprecher zu informieren. Während des Webinars versenden Sie Follow-up-E-Mails, um den Teilnehmern zusätzliche Ressourcen oder Informationen anzubieten. Und nach dem Webinar versenden Sie E-Mails zur Nachbereitung und zur Vertiefung der Diskussion.

Interaktive Elemente

Webinare bieten interaktive Elemente wie Umfragen, Chats und Fragen-und-Antworten-Sitzungen. Hier können Sie wertvolles Feedback von den Teilnehmern erhalten und auf deren spezifischen Fragen oder Bedenken eingehen. Nutzen Sie diese

Interaktionen, um potenzielle Leads zu identifizieren und auf die genannten Bedürfnisse einzugehen.

Call-to-Action (CTA)

Während des Webinars sollten Sie Call-to-Action-Elemente einbinden, um die Teilnehmer zu weiteren Aktionen zu motivieren. Dies kann die Registrierung für einen Newsletter sein, der Download von zusätzlichen Ressourcen oder der Aufruf zum Besuch einer bestimmten Website. Durch diese CTAs halten Sie das Interesse der Teilnehmer aufrecht.

Aufzeichnung und Wiederverwendung

Nach einem Webinar können Sie die Aufzeichnung verwenden, um weiterhin Leads zu generieren. Bieten Sie die Aufzeichnung auf Ihrer Website – oder in einem speziellen Mitgliederbereich zum Download an. Interessenten, die das Webinar verpasst haben, können sich für den Zugriff registrieren und somit zu neuen Leads werden.

Denken Sie auch daran, Ihr Webinar über Social-Media-Kanäle zu bewerben. So erreichen Sie Interessenten auf einer viel größeren Reichweite, die sich dann über den Link in den Social-Media-Beiträgen registrieren und zu Leads werden.

Und: Nehmen Sie selbst an Webinaren teil!

Auf der anderen Seite, als Teilnehmer eines Webinars bietet sich noch eine weiter Chance für die Leadgenerierung: Sie lernen andere Teilnehmer kennen, die sich für die gebotenen Inhalte interessieren – das sind Ihre potenziellen Leads!

Im Zuge des Webinars können Sie die Teilnehmer identifizieren und im Folgenden kontaktieren. Diese Leads gewinnen Sie wie folgt:

Nehmen Sie aktiv an diesen Webinaren von Marktbegleitern teil, die ähnliche Zielgruppen ansprechen wie Ihr eigenes Unternehmen. So erhalten Sie Einblicke in aktuelle Branchenthemen, Trends und Best Practices. Indem Sie sich als Teilnehmer engagieren, profitieren Sie doppelt: Sie können wertvolles Wissen gewinnen und gleichzeitig potenzielle Leads identifizieren.

Während des Webinars können Sie Informationen über die anderen Teilnehmer sammeln. Oftmals sind Teilnehmer in einem Chatbereich oder über ein Frage-und-Antwort-Tool aktiv. Sie können die Namen und gegebenenfalls weitere öffentlich zugängliche Informationen erfassen (Unternehmensname, Position, Kontaktdaten, etc.).

Nach dem Webinar nutzen Sie die erfassten Informationen, um potenzielle Leads zu kontaktieren. Ganz naheliegend schreiben Sie eine E-Mail, nehmen Bezug auf das Webinar und bieten Ihre Expertise an: Sie weisen auf relevante Inhalte, Ressourcen oder Informationen hin, die während des Webinars angesprochen wurden. Damit zeigen Sie Ihr Interesse, Ihre Kompetenz und den Mehrwert, den die kontaktierte Person durch Sie erhalten kann.

Wenn Sie Webinar-Teilnehmer kontaktieren, ist es wichtig, eine personalisierte Ansprache zu wählen. Verwenden Sie den Namen des Teilnehmers und beziehen Sie sich auf das besuchte Webinar, um eine Verbindung herzustellen. Zeigen Sie Interesse an den Bedürfnissen und Herausforderungen und bieten Sie Unterstützung oder Lösungen an. Sie bauen Vertrauen auf und können so den potenziellen Lead auf dem Weg zur Conversion begleiten.

Fazit: Webinare – viele Wege führen zum Lead.

Webinare sind, wie schon gesagt, wahre Lead-Generatoren. Nutzen Sie diese – aber halten Sie sich an die Spielregeln. Es ist wichtig, bei der Kontaktaufnahme die Einwilligung der Teilnehmer im Hinblick auf Datenschutz zu respektieren: Stellen Sie sicher, dass Sie die geltenden Richtlinien einhalten und den Teilnehmern die Möglichkeit geben, sich von weiteren Kommunikationen abzumelden.

Sowohl durch das Angebot Ihres eigenen Webinars als auch durch die Teilnahme an Webinaren von Marktbegleitern können Sie Ihr Netzwerk erweitern und neue Geschäftsmöglichkeiten entdecken. Es ist eine effektive Methode, um sich mit anderen Fachleuten der Branche zu vernetzen und von deren Webinaren zu profitieren, während Sie gleichzeitig neue Leads gewinnen.

MAGAZIN-ERFOLG: WARUM GASTBEITRÄGE IHRE EXPERTENREPUTATION STÄRKEN

Recherchieren Sie, welche Themen oder Trends in ausgewählten Magazinen relevant für Ihre Zielgruppe sind. Ihre Gastbeiträge sollten auf diese Themen abzielen. Oftmals werden solche Trendthemen und gut geschriebene Beiträge auch mal kostenlos online genommen. Das Thema überschneidet sich übrigens auch mit dem Thema Expertenpositionierung. Man macht indirekt auf sich als Experte aufmerksam. Der Autor des Beitrags ist meist unten am Text klein genannt - auch das Unternehmen. In Holland setzt man beispielsweise schon lange auf indirekte Aufmerksamkeit. "Wir sind so geil" - Posts sind schon lange out!! Es fehlt die Substanz. Auch auf deren Wirkung von Selbstbeweihräucherung und soziale Normen will ich hier nicht genauer eingehen. Das dürfte klar sein. Fokus auf die Empathie und Intelligenz der Leser!

Fazit: Recherchieren, Schreiben, Beeindrucken: Mehrwert zählt!

PODCASTS: HOCHWERTIGE LEADS, DIE IHNEN LAUSCHEN

Podcasts haben in den letzten Jahren an Bedeutung gewonnen und sind so auch zu einem wichtigen Instrument für die Leadgenerierung geworden.

Podcast-Plattformen haben eine große Hörerschaft, und viele Menschen nutzen Podcasts regelmäßig als Informationsquelle und Unterhaltungsmedium. Die Grundidee ist denkbar einfach: Sie erstellen Inhalte, die spezifisch auf die Interessen und Bedürfnisse Ihrer Zielgruppe abzielen und können so direkt Ihre potenziellen Kunden ansprechen – und gezielt Leads generieren.

Neben der hohen Reichweite bieten Podcasts noch mehr: Sie können sich in Ihrem Podcast als Experte oder Autorität auf einem bestimmten Gebiet präsentieren. Indem Sie Einblicke und Ratschläge teilen, gewinnen Sie das Vertrauen der Zuhörer und stärken Ihre Glaubwürdigkeit. Auf diese Weise bauen Sie von Anfang an eine positive und vertrauensvolle Beziehung zu potenziellen Kunden auf.

Zwei weitere Aspekte finde ich erwähnenswert, die Podcasts zum effektiven Medium der Leadgenerierung machen:

Flexibilität und persönlicher Kontakt

Menschen hören Podcasts während ihrer Pendelfahrten, beim Sport oder bei anderen Aktivitäten. Sie erreichen also Ihre

Zielgruppe in Situationen, in denen andere Medien möglicherweise nicht zugänglich sind. Die Flexibilität, Podcasts zu hören, macht sie zu einer bequemen Informationsquelle. Zudem hören viele Podcasts im privaten Umfeld: So entsteht eine Verbindung zwischen Ihnen und dem Zuhörer, die Vertrautheit schafft und Sie Ihre Botschaften auf eine persönliche und authentische Weise vermitteln lässt.

Markenpräsenz und Call-to-Actions

Durch regelmäßige Veröffentlichung von Podcast-Episoden erreichen Sie eine wiederholte Sichtbarkeit und Markenbekanntheit bei Ihrer Zielgruppe. Jedes Mal, wenn eine neue Episode veröffentlicht wird, haben Sie die Möglichkeit, Ihre Marke zu präsentieren und sich in den Köpfen der Hörer zu verankern. Wenn Ihre Zuhörer dann mit Ihren Inhalten vertraut und von Ihrer Expertise überzeugt sind, werden sie eher auf Call-to-Actions reagieren und entwickeln sich so zu Leads. Call-to-Actions können zum Beispiel spezielle Angebote oder Links zu Landingpages sein.

Fazit: Lassen Sie von sich hören! Es lohnt sich.

Podcasts sind nicht umsonst derart beliebt. Als Informationsquelle – und als Marketinginstrument.
Podcasts ermöglichen es Ihnen, hochwertige Inhalte bereitzustellen, sich als Experte zu positionieren, potenzielle Kunden sehr direkt anzusprechen, Ihre Reichweite zu erhöhen – kurzum, Leads zu generieren und letztendlich ihren Geschäftserfolg zu steigern!

INFLUENCER: GLITTER FÜR IHREN VERTRIEB!

Influencer sind einflussreiche Personen, die eine große Anhängerschaft in sozialen Medien oder anderen Plattformen haben. Für eine Zusammenarbeit mit dem Ziel, Leads für Ihr Unternehmen zu generieren, suchen Sie sich natürlich die sympathischsten und passendsten Influencer aus – deren Reichweite, Engagement-Raten, Glaubwürdigkeit und vor allem thematische Ausrichtung mit Ihren Produkten oder Dienstleistungen übereinstimmen.

Ich habe sehr gute Erfahrung in der Zusammenarbeit mit Influencern für die Leadgenerierung gemacht. Es gibt zwei wichtige Schritte zu beachten: Call-to-Actions integrieren und die Conversion beobachten.

Um Leads zu generieren, wird in der Regel eine Call-to-Action (CTA) in den Content des Influencers integriert. Genau wie in Webinaren und in Podcasts kann das zum Beispiel ein Link zu einer Landingpage sein, auf der die Follower ihre Kontaktdaten hinterlassen können, um weitere Informationen zu erhalten oder an einer Aktion teilzunehmen. Es gibt viele Möglichkeiten, hier Leads zu generieren.

Natürlich sollten Sie den Einsatz und die Wirksamkeit des Influencers beobachten: Sie überwachen die generierten Leads, die Conversion-Raten und andere relevante Marker. So können Sie die

Effektivität der Zusammenarbeit mit Influencern bewerten und zukünftige Strategien anpassen.

Die Zusammenarbeit mit einem Influencer läuft in etwa so ab: Der Influencer erstellt in Absprache mit dem Auftraggeber spezifischen Content, der die Zielgruppe anspricht und auf Ihr Produkt oder Ihre Dienstleistung hinweist. Der Content wird auf den Kanälen des Influencers wie beispielsweise seinem Blog, YouTube-Kanal, Instagram-Account oder Podcast veröffentlicht.

Influencer und Kooperation

Der Content kann verschiedene Formen haben. Bezahlte Kooperationen sind die Klassiker, aber es gibt noch weitere Möglichkeiten wie die sogenannten Barter Deals. Hier sind die gängigsten Konzepte:

Bezahlte Kooperationen: Bei bezahlten Kooperationen erhalten Influencer eine finanzielle Vergütung für die Erstellung von Inhalten. Die genaue Vergütung basiert auf verschiedenen Faktoren, wie der Größe des Influencers, seiner Reichweite und Engagement-Rate.

Barter Deals: Bei Barter Deals erfolgt die Zusammenarbeit zwischen der Marke und dem Influencer auf Basis eines Austauschs von Leistungen. Anstatt einer finanziellen Vergütung erhalten Influencer kostenlose Produkte oder Dienstleistungen im Gegenzug für die Erstellung und Verbreitung von Inhalten, die die Marke bewerben. Diese Art der Zusammenarbeit kann besonders attraktiv sein, wenn der Influencer von den Produkten oder Dienstleistungen der Marke begeistert ist.

Affiliate-Marketing: Bei dieser Art der Zusammenarbeit erhält der Influencer eine Provision für jeden Verkauf oder jede Conversion, die über seinen einzigartigen Affiliate-Link oder Rabattcode generiert wird. Dies bietet einen besonderen Anreiz für den Influencer, seine Community zum Kauf des beworbenen Produkts oder zur Nutzung der Dienstleistung zu motivieren.

Produktplatzierung: Sie stellen dem Influencer kostenlos Ihre Produkte oder Ihre Dienstleistungen zur Verfügung, damit er sie in seinen Inhalten verwenden und erwähnen kann. So entsteht eine natürliche Integration des Produkts in die Beiträge des Influencers (siehe natives Marketing) und die Empfehlung wirkt sehr authentisch.

Event-Einladungen: Sie können den Influencer zu exklusiven Veranstaltungen, Produkt-Launches oder anderen Events einladen. So kann eine persönliche Beziehung zu Ihrem Influencer entstehen und er ein authentischer Botschafter der Marke werden. (Hier geht es ja eher um das Kennenlernen, noch nicht um Leadgenerierung, oder? Der Aspekt des Markenbotschafters taucht im nächsten Punkt auf.)

Langfristige Markenbotschafter: Einige Marken suchen nach Influencern, die gut zu ihrer Markenidentität und ihrem Image passen, um langfristige Partnerschaften aufzubauen. Dabei geht es weniger um einzelne Kampagnen, sondern um eine kontinuierliche Zusammenarbeit. Der Influencer tritt als Markenbotschafter auf und spricht ganz selbstverständlich regelmäßig über Ihr Unternehmen.

Fazit: Bekanntheit geliehen – Leads gesichert.

Die Leadgenerierung durch Influencer kann sehr effektiv sein, da Influencer eine engagierte Anhängerschaft haben und als Meinungsführer in ihrer Community angesehen werden. Wenn Ihr Produkt bzw. Ihre Dienstleistung hier platziert wird, erhalten Sie sicher ein breiteres Publikum und die Gelegenheit, qualifizierte Leads zu generieren.

Beachten Sie dabei unbedingt, dass die Zusammenarbeit mit Influencern transparente Vereinbarungen und eine klare Festlegung der Erwartungen zwischen Ihrem Unternehmen und dem Influencer voraussetzt. Die Zusammenarbeit muss für beide Seiten von Nutzen und fair sein. Nur von einer langfristigen Partnerschaft können Sie profitieren.

DIE MACHT DER MICRO-INFLUENCER: GLAUBWÜRDIGKEIT UND BINDUNG

Micro-Influencer-Kooperationen: Zusammenarbeit mit kleinen Influencern in spezifischen Nischen, um hochwertige Leads anzusprechen.

Micro-Influencer sind aus mehreren Gründen oft besser als bekannte Influencer. Aus mehreren Gründen: sie werden als authentisch und glaubwürdig wahrgenommen, was ihnen eine engagierte, treue Anhängerschaft verschafft. Diese engagierten Follower reagieren aktiver auf ihre Inhalte, was zu einer stärkeren Interaktion und Bindung führt. Zudem sind Micro-Influencer oft kosteneffizienter für Marken und Unternehmen, da sie niedrigere Gebühren verlangen oder einen Tausch von Produkten oder Dienstleistungen in Erwägung ziehen. Darüber hinaus haben sie oft eine sehr spezifische Zielgruppe, die perfekt zu bestimmten Marken oder Produkten passt, und ihre Empfehlungen werden als glaubwürdiger angesehen. Zudem haben sie mehr kreative Freiheit in der Zusammenarbeit mit Marken und können langfristige Beziehungen aufbauen, um eine konstante Präsenz in der Zielgruppe aufrechtzuerhalten. Insgesamt bieten Micro-Influencer eine authentischere, engagiertere und kosteneffizientere Möglichkeit, Markenbotschaften an einem zielgerichteten Abnehmerkreis zu vermitteln.

An dieser Stelle möchte ich folgendes Musterbeispiel vor Augen führen. Ich kenne auch aus dem Beauty Bereich einen Versuch mit einem Microinfluencer und einer sehr bekannten Influencerin. Der Kostenunterschied war 5-stellig und mit dem Resultat hat niemand gerechnet. Das Video der Micro-Influencerin brach die 1 Mio Marke und hatte enormen Absatz. Der Umsatz durch die popläre Influencerin hingegen war überschaubar.

Fazit: Klein, aber oho: Micro-Influencer rocken die Nische und deine Leads. Authentizität, Engagement und Effizienz!

EXPERTENPOSITIONIERUNG ALS LEADMAGNET

Die Expertenpositionierung spielt eine entscheidende Rolle in der modernen Leadgenerierung. Unternehmen, die sich als Experten in ihrer Branche etablieren, haben oft einen Vorteil bei der Gewinnung potenzieller Kunden. Dies liegt daran, dass Kunden und Geschäftspartner dazu neigen, Experten als vertrauenswürdig und kompetent anzusehen. Wenn Unternehmen ihre Expertise nutzen, um nicht nur Produkte oder Dienstleistungen anzubieten, sondern auch Wissen und Mehrwert zu vermitteln, können sie Leads auf eine organische und nachhaltige Weise generieren. Ein bemerkenswertes Beispiel dafür ist ein Business Intelligence (BI) Unternehmen, das durch die gezielte Positionierung seiner Experten erfolgreiche Lead-Generierung betreibt.

Beispiel:
Ein beeindruckendes Beispiel dafür bietet ein Business Intelligence Unternehmen, das sich auf die Entwicklung hochmoderner Analysetools spezialisiert hat, erkennt den Wert der Expertenpositionierung in der Leadgenerierung. Dieses Unternehmen beschließt, seine Expertise nicht nur in Form von Produkten anzubieten, sondern auch in Form von Wissen und Schulungen, um potenzielle Kunden zu gewinnen.

Die Strategie beginnt damit, dass das Unternehmen Experten zu Controller Akademien entsendet. Diese Akademien sind Schulungseinrichtungen für Finanzexperten und Controller, in denen Fachwissen und Fähigkeiten vermittelt werden. Die Entscheidung, dorthin zu gehen, bietet mehrere Vorteile:

1. Direkte Kontakte: Durch die Präsenz der Experten vor Ort können sie direkte Kontakte zu den Teilnehmern knüpfen. Dies ermöglicht es, persönliche Beziehungen zu potenziellen Kunden aufzubauen und Vertrauen zu schaffen.

2. Demonstration von Fachwissen: Während der Schulungen haben die Experten die Möglichkeit, ihr umfassendes Fachwissen zu demonstrieren. Sie zeigen, wie ihre BI-Lösungen komplexe Finanzdaten effizient und effektiv verarbeiten können.

3. Networking-Möglichkeiten: Die Experten nutzen die Schulungen auch als Networking-Gelegenheit. Sie fördern den Austausch von Erfahrungen und Ideen zwischen den Teilnehmern, was zu wertvollen Kontakten führen kann.

Nach den Schulungen hört die Strategie nicht auf. Das BI-Unternehmen bleibt engagiert, indem es den Teilnehmern individuelle Lösungen anbietet. Sie erkennen, dass nicht jedes Unternehmen die gleichen Anforderungen hat, und passen ihre BI-Angebote entsprechend an.

Darüber hinaus teilt das Unternehmen sein Wissen und seine Erkenntnisse durch Content-Marketing. Sie veröffentlichen regelmäßig informative Artikel, Fallstudien und Whitepapers, die branchenspezifische Probleme ansprechen und Lösungen bieten. Dies zeigt nicht nur ihre Expertise, sondern bietet auch potenziellen Kunden wertvolle Informationen.

Die langfristige Beziehungspflege ist ein Schlüsselaspekt dieser Strategie. Das BI-Unternehmen hält durch regelmäßige Übermittlung von relevanten Informationen und Updates die Verbindung zu seinen Kontakten aufrecht. Dies schafft Vertrauen und kann zu langfristigen Geschäftsbeziehungen führen.

Insgesamt ermöglicht diese Strategie dem BI-Unternehmen nicht nur die Generierung hochwertiger Leads, sondern auch die Etablierung als anerkannter Branchenexperte. Kunden sehen das Unternehmen nicht nur als Anbieter von Produkten, sondern auch als wertvolle Wissensressource und Partner. Dies schafft eine Win-Win-Situation, bei der sowohl das Unternehmen als auch die Kunden profitieren.

Fazit: Die Positionierung als Experte zahlt sich aus und sorgt für langfristigen Erfolg!

LIQUID CONTENT: DENN JEDER LEAD IST INDIVIDUELL

Gehen wir mal davon aus, dass Sie verschiedene Wege erschlossen haben, um potenzielle Kunden auf Ihre Website zu bringen. Die ernüchternde Wahrheit, die Sie nun erwartet, lautet: 98% Ihrer Website-Besucher konvertieren nicht! Aus diesem Grund müssen Sie jeden Trick, den ich hier im Buch verrate oder den Sie sonst finden können, anwenden, um Ihre Website für die Conversion zu optimieren.

Eine Möglichkeit, Ihre Website-Besucher in zahlende Kunden zu wandeln, ist die Personalisierung der Inhalte. Liquid Content macht dies möglich. Das bedeutet, dass Sie den Inhalt Ihrer Website flexibel gestalten und entsprechend der Merkmale des Besuchers individuell anpassen.

Vielleicht klingt das komplizierter als es ist. Ich habe einige Beispiele gesammelt, die zeigen, dass Sie Liquid Content ganz einfach auf unterschiedliche Weise verwenden können.

Verwenden Sie den Firmennamen im Text

Sie kennen die Merkmale des Unternehmens, von dem der Besucher stammt. Also nutzen Sie dies und fügen den Firmennamen hinzu. So wird der Besucher auf Ihrer Website persönlich begrüßt.

Passen Sie die Bildsprache an

Sie kennen die Branche, zu der Ihr Website-Besucher gehört – und präsentieren ihm folglich Bilder, die zu seinem Unternehmensfeld passen.

Ein Beispiel: Heineken Blade verkauft professionelle Bierzapfhähne für Büros oder für zuhause. Je nach Branche des Website-Besuchers wird ein anderes Bild angezeigt: Ein Bild, das Kollegen beim Biertrinken zeigt für einen Businesskunden. Das Bild einer

Küche mit Zapfhahn für einen privaten bzw. unerkannten Besucher.

Fazit: Kunden ansprechen, nicht nur Besucher haben!

Liquid Content ermöglicht personalisierte Website-Inhalte, die aus Besuchern zahlende Kunden machen. Nutzen Sie den Firmennamen im Text und passen Sie die Bildsprache an, um Ihre Besucher individuell anzusprechen.

WHITEPAPER, UMFRAGEN, EBOOKS UND GEWINNSPIELE

In diesem Kapitel habe ich einige Ideen und Inspirationen zusammengefasst. Die vier genannten Methoden verbindet, dass sie Ihnen einfache Möglichkeiten bieten, fast unbemerkt qualifizierte Leads zu gewinnen und gleichzeitig langfristige Kundenbeziehungen aufbauen.

Whitepaper – Leads dank Ihres Fachwissens

Whitepaper sind detaillierte und informative Berichte oder Leitfäden, die Einblicke, Fachwissen und Lösungen zu einem spezifischen Problem oder einer Herausforderung liefern. Sie können also über Whitepapers potenzielle Kunden anziehen, die Interesse an den behandelten Themen haben. Ihr Profit dabei ist, dass die Leser ihre Kontaktdaten wie Name und E-Mail-Adresse angeben müssen, um das Whitepaper herunterladen zu können: Sie generieren also direkt qualifizierte Leads!

Umfragen – Leads ganz direkt

Umfragen bieten eine direkte Möglichkeit, die Daten von potenziellen Kunden zu sammeln: Sie gewinnen Einblick in die Bedürfnisse, Meinungen und Vorlieben Ihrer Zielgruppe. Umfragen können Sie über verschiedene Kanäle wie die eigene Website, soziale Medien oder E-Mail-Marketing durchführen. Natürlich können Teilnehmer auch anonym antworten – Sie betonen aber in

Ihrer Umfrage, dass wertvolle individualisierte Follow-up-Nachrichten auf die Kunden warten, die ihre Daten hinterlassen.

eBooks – Leads durch Mehrwert

eBooks sind umfangreichere Ressourcen im Vergleich zu Whitepapers. Sie können als detaillierte Anleitungen, informative Leitfäden oder ausführliche Fachartikel dienen. Die Idee ist wieder recht einfach: Sie erstellen hochwertige eBooks zu relevanten Themen und stellen sie potenziellen Kunden gegen Angabe ihrer Kontaktdaten zur Verfügung. eBooks sind ganz nebenbei ein effektives Werkzeug zur Positionierung des Unternehmens als Experte in einem bestimmten Bereich.

Gewinnspiele – Leads gewinnen

Gewinnspiele sind eine unterhaltsame und interaktive Methode, um Leads zu generieren. Sie können Gewinnspiele organisieren, bei denen Teilnehmer die Chance haben, Preise oder Belohnungen zu gewinnen. Um dabei zu sein, müssen die Teilnehmer ihre Kontaktdaten hinterlassen. Gewinnspiele können über verschiedene Kanäle beworben werden und das Teilen des Gewinnspiels in sozialen Medien fördern, um die Reichweite zu erhöhen. Dies trägt außerdem zur Steigerung der Bekanntheit Ihrer Marke bei.

Fazit: Hier haben Sie die geballte Ladung an cleveren Lead-Generierungsstrategien! Whitepapers, Umfragen, eBooks und Gewinnspiele machen es leicht, unbemerkt hochwertige Leads zu gewinnen und gleichzeitig als Branchenexperte zu glänzen. Nutzen

Sie die Vielfalt dieser Ansätze, um langfristige Kundenbeziehungen aufzubauen und voll durchzustarten!

LINKEDIN VOICE NACHRICHTEN. IHRE STIMME FÜR LEADS

Die Stimme eines Menschen vermittelt Emotionen, Betonungen und individuelle Nuancen, die in geschriebenen Texten nicht immer vollständig zum Ausdruck kommen. Die Einführung der LinkedIn Voice-Nachrichtenfunktion ermöglicht es Ihnen, diese persönliche Note in Ihre Kunden-Kommunikation einzubringen und eine authentische Verbindung zu potenziellen Kunden aufzubauen. So können die Voice-Nachrichten Sie bei der Leadgenerierung unterstützen.

In Sprachnachrichten können Sie Ihre Botschaften individuell anpassen und auf die spezifischen Bedürfnisse und Interessen Ihres potenziellen Kunden eingehen.

Die Stimme eines Menschen zu hören wird zudem eine höhere Aufmerksamkeit und ein stärkeres Engagement erzeugen als reinen Text zu lesen. Wenn potenzielle Kunden eine Voice-Nachricht erhalten, werden sie eher dazu geneigt sein, sie anzuhören und darauf zu reagieren, da sie eine weniger formale Art der Kommunikation bietet.

Es wird zudem auf beiden Seiten Zeit gespart: Manchmal ist es einfacher und effektiver, komplexe Fragen oder Herausforderungen mündlich zu erläutern, anstatt sie in Textform zu beschreiben. Der Kunde wird schneller und mit weniger Aufwand an die gewünschte Information kommen. Außerdem sparen Sie Zeit, wenn Sie Ihre Botschaften in gesprochener Form übermitteln, statt lange E-Mails zu verfassen oder Textnachrichten zu tippen. Dabei ist es wichtig, eine klare und prägnante Botschaft vorzubereiten, um allzu lange Botschaften zu vermeiden. Es versteht sich von selbst, dass Sie höflich und professionell bleiben.

Fazit: Eine Stimme ist ansprechender als ein Text!

Durch die Integration von LinkedIn Voice-Nachrichten in die Leadgenerierungs-Strategie können Sie effizienter eine persönlichere und ansprechendere Kommunikation mit Ihren potenziellen Kunden aufbauen. Das kann zu einer besseren Leadqualifizierung und Konversionsrate führen.

PRINTWERBUNG: GREIFBAR GEDRUCKTE BOTSCHAFTEN

Digitales Marketing wird immer beliebter und vielseitiger, effizienter und messbarer. Und dennoch ist Printwerbung auch im Jahr 2023 immer noch ein wirkungsvolles Instrument für die Leadgenerierung! Es gibt viele Menschen, die nach wie vor gerne gedrucktes Material lesen – Sie erhöhen also Ihre Reichweite, wenn Sie weiterhin auch auf Printwerbung setzen und nicht vollständig in die Online-Welt investieren. Außerdem bringt Print einige Vorteile gegenüber der digitalen Werbung.

Durch Printwerbung können Sie besondere Aufmerksamkeit erregen und die Bekanntheit Ihrer Marke auch in der „Offline-Welt" steigern: Wenn Ihre Printprodukte zum Beispiel als gedruckte Anzeigen in etablierten Publikationen oder Magazinen erscheinen, stärkt das die Glaubwürdigkeit Ihres Unternehmens. Wenn Sie hochwertige Bilder, Farben und aufmerksamkeitsstarke Texte einsetzen, stärkt das Ihre Präsenz. Außerdem wird auf kreative Auftritte eher eine Reaktion folgen. Ihre potenziellen Kunden bauen so also insgesamt Vertrauen auf – und das erhöht die Wahrscheinlichkeit für eine Kontaktaufnahme.

Auch Printwerbung ist flexibel und lebendig. Sie können effektive Call-to-Action-Elemente integrieren und Ihre Offline-Zielgruppe zur Kontaktaufnahme ermutigen. Elemente können zum Beispiel QR-Codes sein, eine Telefonnummer oder URL.

Ihre Printwerbung kann auf diese Weise auch nahtlos mit Ihren digitalen Kanälen verknüpft und besser messbar werden.

Postkarten als Beispiel für effektive Printwerbung

Postkarten bieten eine Reihe von Vorteilen, die andere (digitale) Marketingkanäle nicht leisten können:

E-Mail-Postfächer sind bekanntermaßen oft überfüllt, Online-Anzeigen werden in der Fülle des Angebots leicht übersehen. Wenn dagegen eine Postkarte im Briefkasten eines potenziellen Kunden landet, wird sie oft separat – und in einem arbeitsplatzfernen Umfeld betrachtet und kann somit leichter die Aufmerksamkeit des Empfängers gewinnen.

Postkarten bieten ein haptisches Erlebnis, das digitale Medien nicht bieten können. Das Berühren und Halten einer Postkarte kann eine Verbindung herstellen und eine emotionale Reaktion hervorrufen. Durch die Wahl von hochwertigem Papier und ansprechendem Design können Sie dieses Erlebnis verstärken und eine bleibende Wirkung erzielen.

Postkarten sind sehr vielseitig einsetzbar: Sie können für verschiedene Zwecke eingesetzt werden, sei es zur Ankündigung von Sonderangeboten, zur Einladung zu Veranstaltungen, zur Vorstellung neuer Produkte oder einfach als freundliche Geste, um Kunden zu erreichen. Sie können Postkarten wie Visitenkarten zum

Einsatz bringen oder als Geschenk, wenn eine Aktion/ein Sparangebot integriert ist.

Erfolgsbeispiel:

Laura Lewandowski hatte Gary Vaynerchuk mehrmals schriftlich zu ihrem Podcast eingeladen. Er hat erst zugesagt, als sie 300 Postkarten auf einmal an sein New Yorker Büro schickte. Auf der Vorderseite der Postkarten schrieb sie seine Quotes.

Fazit: Print bleibt ein wertvoller Kanal!

Printwerbung sollte – wie viele andere Maßnahmen – nicht alleinstehen. Ihre Postkarten und Plakate etc. lassen sich aber hervorragend mit anderen digitalen Kanälen verbinden und können so zusätzlich die weniger online-affine Zielgruppe auf Ihre Website führen und Ihnen neue Leads bescheren.
Postkarten schaffen eine persönlichere und oftmals emotionalere Verbindung und sorgen so schon beim ersten Kontakt für Nähe zu Ihrem potenziellen Kunden. Unterschätzen Sie dieses effektive und sympathische Instrument zur Generierung von qualifizierten Leads nicht!

WEITERE LEADGENERIERUNGSMÖGLICHKEITEN IM ÜBERBLICK

Abschließend präsentiere ich Ihnen eine Zusammenfassung von zusätzlichen Ansätzen und kreativen Ideen zur Leadgenerierung, die ich jeweils kurz in einem Satz skizziere. Nachdem Sie dieses Buch bis hierhin aufmerksam verfolgt haben, sind Sie zweifellos in der Lage, alle vorgestellten Konzepte zu durchdringen und diejenigen auszuwählen, die am besten zu Ihren individuellen Anforderungen passen.

Social Proof: Zeigen Sie Testimonials, Fallstudien und Bewertungen auf Ihrer Website. Positives Feedback von zufriedenen Kunden kann das Vertrauen potenzieller Leads stärken.

E-Mail-Newsletter: Bieten Sie einen regelmäßigen Newsletter an, der branchenrelevante Neuigkeiten und Ressourcen enthält, um Abonnenten zu generieren.

Social-Media-Gruppen: Treten Sie relevanten Social-Media-Gruppen bei und teilen Sie nützliche Inhalte, um Ihre Reichweite zu erhöhen und Leads zu gewinnen.

QR-Codes: Verwenden Sie QR-Codes in gedruckten Materialien oder Anzeigen, um Interessenten schnell zu Ihren Online-Ressourcen zu führen.

User Generated Content (UGC): Bitten Sie Kunden und Benutzer, eigene Inhalte wie Bewertungen, Bilder oder Erfahrungsberichte zu erstellen, um das Vertrauen potenzieller Leads zu stärken.

Loom-Videos: Nehmen Sie persönliche, visuelle Nachrichten auf, die Leads auf eine authentische und ansprechende Weise erreichen. Diese Videos eignen sich perfekt für individuelle Anfragen, Erklärungen komplexer Ideen und Bildschirmaufnahmen zur Produktpräsentation.

Der Erfolg dieser Methoden zur Leadgenerierung hängt von verschiedenen Faktoren ab: Branche, Zielpublikum und individuelle Unternehmensziele müssen hier beachtet werden. Um beste Ergebnisse zu erzielen, gilt es natürlich auch, die Methoden an die spezifischen Bedürfnisse und Ressourcen Ihres Unternehmens anzupassen.

KAPITEL 6

IHR USP: DER ULTIMATIVE ZAUBERTRICK FÜR UNSCHLAGBARE GESCHÄFTE!

USP steht für "Unique Selling Proposition" und bezieht sich auf das einzigartige Merkmal oder den Vorteil, der ein Produkt, eine Dienstleistung oder eine Marke von der Konkurrenz unterscheidet. Es ist das, was ein Angebot attraktiv und einzigartig für Kunden macht.

Stellen Sie sich vor, Ihr USP (Unique Selling Proposition) ist wie ein unglaublicher Zaubertrick, der Ihre potenziellen Kunden umhaut!

Sie sind ein charismatischer Magier auf der Bühne des Geschäfts. Ihr Ziel ist es, Ihr Publikum, in diesem Fall Ihre Leads, zu begeistern und zu verblüffen. Nichts Geringeres als tosender Applaus und atemloses Staunen von Ihren begeisterten Zuschauern – oder eben Ihren Leads!

Die Aufmerksamkeit erregen: Genau wie ein Magier mit einem atemberaubenden Einstieg eröffnet, beginnen Sie Ihre Leadgenerierung mit einem starken USP. Er fesselt die Aufmerksamkeit und weckt das Interesse, sodass die Leute wissen möchten, was Sie zu bieten haben.

Das Versprechen: Ähnlich wie ein Magier ein einzigartiges Versprechen für sein Publikum hat – etwas, das sie noch nie zuvor gesehen haben –, verspricht Ihr USP den potenziellen Kunden, dass Ihr Produkt oder Ihre Dienstleistung etwas Besonderes ist. Es zeigt, wie Ihr Angebot ihre Probleme lösen oder ihre Bedürfnisse erfüllen kann.

Die Begeisterung wecken: Ihr USP ist der Höhepunkt Ihres Auftritts. Er erzeugt Begeisterung und Interesse bei Ihren Leads, sodass sie mehr erfahren möchten und bereit sind, Maßnahmen zu ergreifen.

Also, denken Sie an Ihren USP als Ihr magisches Ass im Ärmel. Er ist der Schlüssel, um Ihre Leads zu verzaubern und sie in treue Kunden zu verwandeln. In dieser Vorstellung sind Sie der Magier, der die Bühne betritt und mit einem erstaunlichen Trick das Publikum fasziniert. Ihr USP ist Ihr Zaubertrick, der Ihre Leads verzaubert und sie dazu bringt, mehr über Ihr Angebot zu erfahren und schließlich zu handeln. Es ist die Geheimwaffe, um Ihre Leadgenerierung magisch zu gestalten!

Achtung!
Bleiben Sie trotzdem bitte authentisch und ehrlich. Die Kernaussage ist die Einzigartigkeit wie auch den Wert Ihres Angebots zu präsentieren und sich nicht am Anfang in Details und Funktionen aufzuhalten. Der erste Termin ist dafür da Interesse zu wecken und zu begeistern. Die nachfolgenden Termine dienen dazu, tiefer in die Themen einzusteigen und Vertrauen aufzubauen.

KAPITEL 7

VON MENTALISMUS BIS EXPERTISE: DIE VIELFALT DES MARKETINGS UND DES VERTRIEBS

Selbst in der heutigen digitalen Ära, in der Daten und Algorithmen eine zentrale Rolle spielen, bleibt eines unverändert: Die Macht der Geschichten. Geschichten haben die Kraft uns zu inspirieren, zu bewegen und zu verbinden. In dieser Sammlung von Titeln tauchen wir ein in die Welt des Storytellings und erkunden faszinierende Konzepte und Ansätze, die unser Denken und Handeln im Marketing und Vertrieb bereichern. Jeder Titel öffnet eine Tür zu einer neuen Dimension des Wissens und der Inspiration.

"Be a mentalist - Die Methode 55" - Wir entdecken die Geheimnisse der Mentalisten und erfahren, wie sie ihre Fähigkeiten auf ethische Weise im Marketing und Vertrieb einsetzen können.

"Das endliche und das unendliche Spiel – Simon Sinek" - Simon Sinek führt uns in die Welt des unendlichen Spiels ein und zeigt, wie dieses Konzept unsere Strategien und Ziele transformieren kann.

"Ask for help – der tiefenpsychologische Ansatz" - Wir gehen auf eine tiefenpsychologische Reise und erfahren, wie das Bitten um Hilfe eine mächtige Ressource sein kann.

"Make friends: Ganz natürlich neue Leads generieren" - Wir lernen, wie wir durch das Knüpfen von Freundschaften in einem Geschäftsumfeld neue Leads generieren können.

"Empfehlungen: Alt bewährt und ewig wirksam" - Die zeitlose Kraft von Empfehlungen wird aufgedeckt, und wir erfahren, wie sie nach wie vor unser Geschäft beeinflussen.

"Vom Zauber der Verbindung: Nonverbale Kommunikation im Vertrieb und das Mindset erfolgreicher Lead-Generatoren" - Die Welt der nonverbalen Kommunikation wird erforscht, zusammen mit den Denkweisen, die erfolgreiche Lead-Generatoren antreiben.

"All you need is no need – die nonverbale Kommunikation" - Wir enthüllen die Bedeutung nonverbaler Kommunikation und wie sie unser Verhalten in unbewusster Weise beeinflusst.

"Das Mindset erfolgreicher Lead-Generatoren" - Wir gehen den mentalen Mustern erfolgreicher Lead-Generatoren auf den Grund und enthüllen ihre Geheimnisse.

"Natives Marketing: Das beste Marketing kommt einem nicht wie Marketing vor" - Wir erkunden das Konzept des nativen Marketings und wie es die Art und Weise, wie wir Werbung wahrnehmen, verändert.

"Abschlusstipps: EMOTIONEN, Wandel & Weitblick und eine Assoziation mit öffentlichen Toiletten" - Wir schließen diese Sammlung mit inspirierenden Tipps ab, die unsere Emotionen ansprechen und uns dazu bringen, über den Tellerrand hinauszublicken – mit einer ungewöhnlichen Assoziation, die uns nachdenklich stimmt.

Begleiten Sie uns auf dieser faszinierenden Reise durch die Welt des Marketings und Vertriebs, in der Geschichten, Konzepte und Ansätze miteinander verschmelzen, um unsere Denkweisen zu erweitern und unsere Handlungen zu inspirieren.

BE A MENTALIST - DIE METHODE 55

Ein Mentalist ist eine Person, die sich auf die Kunst der mentalen Illusionen und der Beeinflussung von Gedanken und Wahrnehmungen spezialisiert hat. Als Mentalist will man also unter Anderem die Richtung der Gedanken lenken. Wie kann man das marketingmäßig und vertrieblich nutzen?

Ich möchte aber vorab betonen, dass ein Vertriebler der mentalistische Techniken einsetzt, dies auf ethische Weise tun sollte. Das Ziel sollte immer sein, dem Kunden einen Mehrwert zu bieten, Vertrauen aufzubauen und langfristige Beziehungen zu pflegen, anstatt Manipulation oder Täuschung zu betreiben.

Es gibt jedoch die Möglichkeit sich bei potentiellen Interessenten in deren Wahrnehmung "einzubrennen". Wie funktioniert das? Ich nenne diese Vorgehensweise die Methode 55. Sie stammt aus dem Film "Focus" von Glenn Ficarra und John Requa.

Szene:
In einer spannenden Wette gegen den reichen Mann Garriga zeigt Nicky, gespielt von Will Smith, sein beeindruckendes Talent als Mentalist in einer besonderen Szene aus dem Film "Focus". Bei dieser Wette muss Nicky klug sein Können einsetzen, um Garriga zu überlisten.

Im Laufe des Tages versteckt Nicky geschickt die Zahl 55 an vielen verschiedenen Orten rund um Garriga. Zum Beispiel auf einem Nummernschild oder bei kurzen Begegnungen - die Zahl 55 scheint überall zu erscheinen. Dann, bei einem wichtigen Moment während eines Football-Spiels, fordert Nicky Garriga auf, spontan einen Spieler auszusuchen. Jess, die Freundin von Nicky, nennt dann die Spielernummer. Das Überraschende: Jess nennt scheinbar zufällig die Zahl 55, weil Nicky einen Freund mit genau dieser Nummer zwischen den anderen Spielern platziert hat. Garriga gesteht, dass er auch die 55 gewählt hat, ohne zu wissen, dass er Teil von Nickys faszinierendem Spiel der Wahrnehmung war.

Diese Szene zeigt, wie erstaunlich gut Nicky als Mentalist ist und wie er auf clevere Weise die Gedanken der Leute beeinflussen kann. Sie ist der Höhepunkt ihrer Wette und zeigt, wie geschickt Nicky Garrigas Denken beeinflusst. Ein unvergesslicher Moment, der verdeutlicht, wie gute Gedankenleser - so wie Nicky - die

Wahrnehmung beeinflussen können, um erstaunliche Dinge zu erreichen.

Vertriebliche Umsetzung

Sie möchten also eine Methode anwenden, bei der Sie ein bestimmtes Thema auf verschiedenen Wegen bei potenziellen Kunden platzieren, um ihre Aufmerksamkeit zu gewinnen. Im Anschluss wird beleuchtet, wie Sie das umsetzen können:

Integrierte Multikanal-Ansatz-Strategie:

1. Automatische Social-Media-Ansprache: Identifizieren Sie potenzielle Kunden in sozialen Medien, die Interesse an einem bestimmten Thema haben könnten. Verwenden Sie intelligente Automatisierungstools, um diese Benutzer automatisch anzusprechen. Achten Sie darauf, eine persönliche Note zu bewahren, während Sie subtile Hinweise auf das Thema einfügen. Dies kann als direkte Nachricht oder Erwähnung in Kommentaren erfolgen.

2. Thematische Beiträge in sozialen Medien: Beginnen Sie gleichzeitig, themenbezogene Beiträge zu erstellen und zu teilen. Dies können informative Artikel, Infografiken oder Tipps rund um das Thema sein. Setzen Sie dabei subtile Hinweise, die die Neugier der Zielgruppe wecken. Die wiederholte Präsenz des Themas wird die Aufmerksamkeit erhöhen.

3. Platzierung von Werbeanzeigen: Starten Sie parallel dazu gezielte Werbekampagnen, die das Thema betreffen. Auf

Plattformen wie LinkedIn können Sie Anzeigen schalten, die direkt auf das Thema abzielen. Die Wiederholung des Themas in den Anzeigen wird die Resonanz und den Wiedererkennungswert steigern.

4. Webinare oder Online-Veranstaltungen: Planen Sie ein Webinar oder eine Online-Veranstaltung, die das gewählte Thema behandelt. Nutzen Sie Ihre bestehenden sozialen Medien, um die Veranstaltung zu bewerben, und integrieren Sie themenbezogene Anzeigen, um das Interesse weiter zu steigern. Während des Webinars können Sie tiefer in das Thema eintauchen und einen Mehrwert bieten.

5. E-Mail-Marketing: Integrieren Sie das Thema auch in Ihre E-Mail-Kampagnen. Nutzen Sie die Macht der Wiederholung, indem Sie das Thema sowohl in Betreffzeilen als auch im E-Mail-Inhalt platzieren. Dies wird das Thema weiter in den Köpfen deiner Zielgruppe verankern.

6. Landing Pages und Lead Magnets: Erstellen Sie Landing Pages oder Lead Magnets, die sich um das Thema drehen. Wenn Sie das Interesse Ihrer Zielgruppe erfolgreich geweckt haben, werden sie eher geneigt sein, sich für diese Ressourcen anzumelden.

Indem Sie dieses integrierte Multikanal-Ansatz-Strategie anwenden, werden Sie das gewünschte Thema in den Köpfen Ihrer Zielgruppe verankern. Die wiederholte Präsenz in verschiedenen Kanälen wird die Aufmerksamkeit steigern, das Interesse wecken und letztendlich dazu beitragen, dass Ihre Botschaft besser wahrgenommen wird. Dieser Ansatz kombiniert Automatisierung und gezielte Platzierung, um maximale Wirkung zu erzielen.

STORYTELLING: IHRE TÜR ZU HERZEN DER KUNDEN ÖFFNEN

Sie erzählen eine Geschichte – Ihr Publikum lauscht. Sie erzählen vom Nutzen Ihres Produkts bzw. den Vorteilen Ihrer Dienstleitung – und potenzielle Kunden hören gespannt zu, erleben, fühlen und werden sich daran erinnern.

Es ist erwiesen, dass Informationen, die in Geschichten oder Witzen weitergegeben werden, viel besser im Gedächtnis des Zuhörers bleiben. Daher spricht alles dafür: Sprechen Sie über sich. Erzählen Sie Geschichten von Ihrem Unternehmen! Die Geschichten sind Fallbeispiele: Situationen im „echten Leben", in denen Ihr Produkt ein Problem löst bzw. das Leben Ihrer Kunden auf irgendeine Weise besser macht.

Storytelling ist bei der Leadgenerierung aus mehreren Gründen äußerst wertvoll:

Emotionen werden angesprochen

Über Geschichten entsteht eine emotionale Verbindung. Emotionen spielen eine entscheidende Rolle bei der Kaufentscheidung, und Storytelling ermöglicht es Ihnen, diese

Emotionen anzusprechen und Vertrauen aufzubauen. Durch die Verwendung von Geschichten, die Werte, Erfahrungen oder Herausforderungen vermitteln, können Sie die Aufmerksamkeit Ihrer Zielgruppe auf sich ziehen und eine tiefere Verbindung herstellen.

Man erinnert sich an Ihre Geschichte

Geschichten sind leichter zu merken als reine Fakten oder Informationen. Indem Sie Ihre Botschaften in Geschichten verpacken, bleiben sie länger im Gedächtnis der potenziellen Kunden. Dies erhöht die Wahrscheinlichkeit, dass sie zu einem späteren Zeitpunkt auf Ihr Unternehmen zurückkommen.

Geschichten zeigen einzigartige Charaktere

Über Storytelling heben sie sich von der Konkurrenz ab: In originellen Geschichten veranschaulichen Sie Ihre Unternehmenswerte und Ihre Vision. Sie präsentieren Ihre Einzigartigkeit und die Persönlichkeit Ihres Unternehmens (Ihren Markencharakter) auf eine authentische und ansprechende Weise.

Nutzen und Lösung subtil verkauft

Anstatt einfach Informationen über Ihre Produkte oder Dienstleistungen zu präsentieren, können Sie diese in Geschichten einbetten, in denen sie zeigen, wie ihre Lösungen konkrete Probleme beheben oder das Leben der Menschen (Ihrer Zielgruppe) verbessern können. Ihre potenziellen Kunden werden sich schneller und tiefgreifender mit dem Nutzen und dem Mehrwert Ihres Angebots identifizieren.

Geschichten weitererzählen

Geschichten haben das Potenzial, weitererzählt zu werden. Wenn eine Geschichte relevant, fesselnd und inspirierend ist, werden potenzielle Kunden sie eher mit anderen teilen. Das beschert Ihnen eine größere Reichweite und Bekanntheit – und wiederum neue Leads.

Fazit: Tell your story!

Durch den Einsatz von Storytelling können Sie Ihre Botschaften (Vorteile und Nutzen) effektiv übermitteln, eine Verbindung zu potenziellen Kunden herstellen und deren Interesse und Vertrauen gewinnen. Geschichten bleiben im Gedächtnis, heben Sie von der Konkurrenz ab und präsentieren Ihre Einzigartigkeit. Storytelling kann einen wertvollen Beitrag zur Leadgenerierung leisten!

DAS ENDLICHE UND DAS UNENDLICHE SPIEL – SIMON SINEK

Im folgenden Text möchte ich eine Begrifflichkeit bzw. einen Ansatz einbringen, der mich fasziniert – und den ich als Grundsatz für den Vertrieb sehr wertvoll finde. Der Autor und Redner Simon Sinek war es, der das Konzept des „unendlichen Spiels“ entwickelt hat. Es basiert auf seinem Buch "The Infinite Game", in dem er erläutert, dass viele Aspekte des Lebens und der Geschäftswelt als „unendliche Spiele“ betrachtet werden sollten, und nicht als „endliche Spiele“.

Die Unterscheidung: Ein endliches Spiel hat klare Regeln, bekannte Spieler und ein definiertes Ziel. Es hat einen Anfang und ein Ende, und der Sieger wird durch das Erreichen des Ziels bestimmt. Typische Beispiele für endliche Spiele sind Sportwettkämpfe oder Brettspiele.

Unendliche Spiele haben keine festen Regeln oder festgelegten Ziele. Sie haben keine vordefinierten Endpunkte und können über einen längeren Zeitraum andauern. In unendlichen Spielen sind die Spieler nicht daran interessiert, das Spiel zu beenden, sondern daran, es fortzusetzen und ständig zu verbessern. Das Hauptziel in einem unendlichen Spiel besteht darin, so lange wie möglich im Spiel zu bleiben und einen dauerhaften Einfluss zu haben.

Sinek argumentiert, dass Unternehmen in der Geschäftswelt ein unendliches Spiel spielen sollten, anstatt sich auf kurzfristige Gewinne und Konkurrenz zu konzentrieren. Für ihn liegt das Geheimnis erfolgreicher Unternehmen darin, Strategien und Entscheidungen auf langfristige Ziele und Werte auszurichten, anstatt sich ausschließlich auf kurzfristige Ziele wie Umsatzwachstum oder Marktanteil zu konzentrieren. Indem sie sich auf einen langfristigen Zweck konzentrieren, können Unternehmen eine starke Unternehmenskultur aufbauen, Mitarbeiter motivieren und Kundenbindungen aufbauen.

Der Ansatz des unendlichen Spiels betont auch die Bedeutung der Zusammenarbeit und des Wettbewerbs mit anderen Unternehmen. Sinek empfiehlt, dass Unternehmen nicht darum konkurrieren sollten, andere zu besiegen, sondern darum, ihre eigenen Fähigkeiten zu verbessern und sich gegenseitig herauszufordern. Durch die Zusammenarbeit mit anderen Unternehmen können neue Ideen und Innovationen entstehen, die allen Beteiligten zugutekommen.

Insgesamt fordert der Ansatz des unendlichen Spiels ein Umdenken in Bezug auf Ziele, Werte und langfristige Strategien. Es geht darum, den Fokus weg von kurzfristigen Gewinnen hin zu nachhaltigem Erfolg und positivem Einfluss zu lenken.

Das unendliche Vertriebsziel

Das unendliche Spiel von Simon Sinek kann auch auf den Bereich des Vertriebs angewendet werden. In einem traditionellen Vertriebsansatz konzentrieren sich Unternehmen oft auf kurzfristige Gewinne, Marktanteile und Umsatzsteigerungen, um gegenüber der Konkurrenz erfolgreich zu sein. Dies kann zu einem intensiven Wettbewerb und zu einem Fokus auf kurzfristige Transaktionen führen.

Im unendlichen Spiel des Vertriebs hingegen geht es darum, langfristige Kundenbeziehungen aufzubauen und aufrechtzuerhalten. Der Fokus liegt nicht nur auf einzelnen Verkaufstransaktionen, sondern darin, einen Mehrwert für die Kunden zu bieten sowie Vertrauen und Loyalität zu entwickeln.

Sind Sie bereit, das unendliche Spiel des Vertriebs zu spielen? Hier sind die wichtigsten Prinzipien und Spielregeln, die Simon Sinek nennt.

Langfristige Beziehungen

Statt nur einen einmaligen Verkauf anzustreben, geht es darum, Kunden zu gewinnen und sie langfristig zu halten. Das bedeutet, Kundenbedürfnisse und -ziele zu verstehen und kontinuierlich Lösungen anzubieten, die Ihren Kunden helfen, erfolgreich zu sein. Mehrwert zu bieten, statt nur Produkte bzw. Dienstleistungen zu verkaufen.

Glaubwürdigkeit und Kundenzentriertheit

Im unendlichen Spiel sind Vertrauen und Loyalität entscheidende Faktoren. Sie sollten Vertrauen aufbauen und die Ziele Ihrer Kunden in den Fokus der Zusammenarbeit stellen. Ihre Kunden sollten jederzeit die Gewissheit haben, dass Sie ein vertrauenswürdiger Partner sind und bleiben.

Zusammenarbeit statt Konkurrenz

Das unendliche Spiel des Vertriebs ermutigt zur Zusammenarbeit mit Kunden und Partnern und meidet reinen Wettbewerb. Es geht darum, gemeinsam nach Lösungen zu suchen, Herausforderungen zu bewältigen und durch Synergien langfristig erfolgreich zu sein. So werden Sie auch in der Lage sein die Anpassungsfähigkeit Ihres Unternehmens zu erhalten und immer wieder flexibel auf veränderte Marktbedingungen und Kundenanforderungen zu reagieren.

Fazit: Spielen Sie mit!

Indem Sie das unendliche Spiel des Vertriebs spielen, können Sie langfristige Kundenbeziehungen aufbauen, die auf Vertrauen und Zusammenarbeit basieren. Dies führt zu Kundenzufriedenheit und einer differenzierten Positionierung am Markt – und zu nachhaltigem Erfolg für Ihr Unternehmen.

Die folgenden Herangehensweisen gehören zu diesem Ansatz des unendlichen Spiels im Vertrieb: Um Hilfe zu bitten, Freundschaften zu schließen und auf Empfehlungen zu setzen. Ich empfehle:

Wagen Sie es, diese Ansätze und die „Aspekte des Lebens", wie Sinek es nennt, mutig in Ihre Unternehmensstrategie zu integrieren. Sie werden nachhaltigeren Erfolg erleben und mehr Zufriedenheit erfahren.

ASK FOR HELP – DER TIEFENPSYCHOLOGISCHE ANSATZ

Der Ansatz „Ask for help" basiert auf dem Prinzip des Gebens und Nehmens. Wenn jemand um Hilfe bittet, ist es moralisch schwer, dieser Bitte nicht nachzukommen. Das ist psychologisch erwiesen. Wenn Sie also potenzielle Kunden um Hilfe bitten, wird sehr wahrscheinlich ein Kontakt entstehen. Ask for help ist kein Weg, um direkt zahlende Kunden zu gewinnen, aber mit Sicherheit kann Ihr Netzwerk profitieren und es können einige neue Leads entstehen.

Noch geschickter: Sie bitten um Hilfe und bieten gleichzeitig Unterstützung – alles in einem. Indem Sie potenzielle Leads um Hilfe bitten und gleichzeitig Ihren Mehrwert bieten, können Sie Verbindungen aufbauen, Vertrauen gewinnen. Durch die Nutzung des Reziprozität-Effekts aktivieren Sie ein Gefühl der Verpflichtung, was die Wahrscheinlichkeit erhöht, dass Interessenten bereit sind, nicht nur in der aktuellen "Hilfe-Situation", sondern auch darüber hinaus mit Ihnen zusammenzuarbeiten.

Darum wird Ihr Hilfsgesuch wirken
Der Ansatz „Ask for help" ist aus psychologischer Sicht so gut wirksam, da er neben dem Reziprozitäts-Effekt weitere Prinzipien und Mechanismen des Menschen anspricht.

Menschen sind soziale Wesen und streben nach sozialen Verbindungen. Das gemeinsame Engagement für ein Anliegen schafft eine emotionale Verbindung und stärkt das Gefühl der Zugehörigkeit. So binden Sie die potenziellen Kunden umgehend an sich.

Wenn Menschen (potenzielle Leads), ihre Expertise und Erfahrung einsetzen, um anderen zu helfen, dann stärkt das ihr Gefühl der Selbstwirksamkeit, also ihr Vertrauen in ihre Fähigkeit, anderen zu helfen und einen positiven Beitrag zu leisten. Dadurch entsteht ein positiver Eindruck – und eine positive Verbindung zu Ihrem Unternehmen. Sie wiederum zeigen Ihren potenziellen Leads durch Ihr Hilfegesuch, dass Sie deren Expertise schätzen und erfüllen so deren Bedürfnis nach Anerkennung und Wertschätzung.

Sobald eine Zusammenarbeit entsteht, ergeben sich außerdem Synergien aus den unterschiedlichen Perspektiven und Ideen der Beteiligten. Dies wird ein Gefühl der Zusammenarbeit und Zusammengehörigkeit stärken – und kann ganz nebenbei zu kreativen Lösungen führen.

Fazit: Wagen Sie es, um Hilfe zu bitten!

Der Ansatz "Ask for help" nutzt die Erkenntnisse der menschlichen Psychologie, um Beziehungen aufzubauen und Vertrauen zu gewinnen. Indem Sie diese Prinzipien der Reziprozität, sozialen Verbindungen, Selbstwirksamkeit, Anerkennung und Zusammenarbeit ansprechen, erhöhen Sie die Erfolgschancen bei der Leadgenerierung und schaffen eine solide Grundlage für eine langfristige Geschäftsbeziehung.

Es ist wichtig, dabei authentisch und respektvoll zu sein, um langfristig ehrliche Beziehungen aufzubauen und so auch nachhaltige Geschäftsmöglichkeiten zu schaffen.

MAKE FRIENDS: GANZ NATÜRLICH NEUE LEADS GENERIEREN.

In diesem Ansatz geht es darum, Freundschaften zu schließen und langfristige Beziehungen aufzubauen, statt auf kurzfristige Geschäfte zu setzen. Indem Sie Freundschaft schließen mit Ihren potenziellen Leads, öffnen Sie die Tür zu wiederholten Geschäftsabschlüssen, Empfehlungen und weiteren Chancen zur Zusammenarbeit.

Im Vertriebsumfeld eine "Freundschaft" zu schließen bedeutet, eine aufrichtige Bindung zum Kunden aufzubauen. Dies beginnt damit, wirkliches Interesse am Kunden und seinen Bedürfnissen zu zeigen. Indem Sie die Sorgen und Ziele des Kunden verstehen, können Sie maßgeschneiderte Lösungen bieten, die für beide Seiten vorteilhaft sind.

Die Betonung des gegenseitigen Nutzens ist entscheidend. Der Kunde muss klar erkennen, wie Ihr Produkt oder Ihre Dienstleistung seine Anforderungen erfüllt und einen Mehrwert bietet. Wenn die Beziehung auf einer win-win-Situation basiert, ist die Wahrscheinlichkeit höher, dass sie sich vertieft und langfristig Bestand hat.

Regelmäßige Kommunikation ist ein weiterer Schlüssel. Halten Sie den Kontakt zum Kunden aufrecht, auch wenn es gerade keine konkreten Verkaufsabsichten gibt. Dies kann in Form von nützlichen Updates, relevanten Informationen oder einfach in Form von freundlichen Gesprächen erfolgen. Dies hilft, die Beziehung warm zu halten und zeigt, dass Sie langfristig an einer erfolgreichen Partnerschaft interessiert sind.

Freundschaften sind immer wertvoll. Das wissen wir alle. Auch bei der Leadgenerierung sind sie hilfreich. Das hat verschiedene Gründe:

Vertrauen und Glaubwürdigkeit

Wenn Sie mit Ihren potenziellen Leads eine echte Freundschaft etablieren, schaffen Sie Vertrauen und Glaubwürdigkeit. Menschen neigen dazu, Geschäfte mit Personen oder Unternehmen zu tätigen, denen sie vertrauen. Durch den Aufbau einer Freundschaft legen Sie den Grundstein für eine langfristige Beziehung, die auf Vertrauen basiert.

Gemeinsame Werte und Interessen

Durch den Aufbau einer Freundschaft können Sie feststellen, ob Sie gemeinsame Werte und Interessen mit den potenziellen Leads teilen. Dies ist wichtig, da eine gemeinsame Basis dazu beiträgt, eine langfristige und fruchtbare Zusammenarbeit aufzubauen. Wenn Sie Freunde sind, ist die Wahrscheinlichkeit höher, dass Sie besser zusammenarbeiten und sich gegenseitig unterstützen.

Offene Kommunikation

Im besten Fall können Sie mit Ihren Freunden offen und ehrlich sprechen. Dies ist auch im Geschäftsumfeld von Vorteil: Durch den Aufbau einer Freundschaft schaffen Sie ein Umfeld, in dem Sie Ihre Bedürfnisse, Herausforderungen und Erwartungen offen teilen können. Das fördert zum Einen ein besseres Verständnis füreinander – zum Anderen schafft es die Möglichkeit, Lösungen zu finden, die für beide Seiten vorteilhaft sind.

Mundpropaganda und Empfehlungen

Freunde neigen dazu, über positive Erfahrungen und Produkte/Dienstleistungen zu sprechen. Wenn Sie eine starke Freundschaft mit potenziellen Leads aufbauen, erhöhen Sie die Wahrscheinlichkeit, dass sie Ihr Unternehmen, Ihre Produkte oder Dienstleistungen aktiv weiterempfehlen. Mundpropaganda ist eine der effektivsten Formen der Werbung und kann zu qualitativ hochwertigen Leads führen.

Fazit: Friends will be friends!

Die Ebene der Freundschaft bietet Vertrauen, ermöglicht offene Kommunikation, fördert gemeinsame Werte und Interessen. Vor allem aber entstehen sehr wahrscheinlich authentische Weiterempfehlungen Ihres Produkts oder Ihrer Dienstleistung. Weil Freunde gern ihre Wertschätzung für Freunde ausdrücken. Wie im echten Leben.

EMPFEHLUNGEN: ALT BEWÄHRT UND EWIG WIRKSAM.

Der Ansatz „Make friends" hat gezeigt, dass Empfehlungen zu wertvollen Leads führen. Auch ohne die Substanz einer Freundschaft kann die Leadgenerierung durch Empfehlungen enorm profitieren. Wenn bestehende Kunden, Geschäftspartner oder andere Kontakte neue potenzielle Leads an Ihr Unternehmen verweisen, so basieren diese Empfehlungen immer auf Vertrauen – die neuen Leads sind damit direkt hochqualifizierte Leads. Empfehlungen sind meines Erachtens der beste Weg, Leads zu generieren.

Ich erläutere Ihnen die Vorteile der Leadgenerierung durch Empfehlungen noch weiter im Detail:

Vertrauen und Glaubwürdigkeit

Empfehlungen kommen von Personen, denen man vertraut: Freunde, Familienmitglieder oder seriöse Geschäftskontakte. Die Empfehlung einer vertrauenswürdigen Quelle verleiht Ihrem Unternehmen Glaubwürdigkeit und erhöht die Wahrscheinlichkeit, dass die empfohlenen Leads Ihnen, Ihren Produkten und Dienstleistungen vertrauen.

Qualifizierte Leads

Empfehlungen haben oft eine höhere Qualität als andere Arten von Leads, da sie bereits von einer verlässliche Informationsquelle vorgefiltert wurden. Wenn ein bestehender Kunde eine Empfehlung ausspricht, hat er in der Regel bereits eine positive Erfahrung mit Ihrem Unternehmen gemacht und weiß, dass auch die angesprochene Person von Ihrem Angebot profitieren könnte.

Erweitertes Netzwerk

Wenn ein zufriedener Kunde Ihr Unternehmen weiterempfiehlt, wird er dies wahrscheinlich auch in seinem eigenen Netzwerk bekannt machen – und Ihnen neue Möglichkeiten eröffnen: Sie können Ihr Netzwerk erweitern und potenzielle Leads erreichen, die Sie sonst möglicherweise nicht erreicht hätten.

Kostenersparnis

Im Vergleich zu anderen Marketing- und Werbemaßnahmen sind Empfehlungen eine kostengünstige Methode der Leadgenerierung, da die empfohlenen Leads oft bereits ein gewisses Interesse an Ihrem Angebot haben und somit der Weg zum zahlenden Kunden verkürzt wird. Das senkt die Kosten für Akquise und Lead-Conversion.

Positive Markenwahrnehmung

Wenn Ihre Kunden und Geschäftspartner Ihre Marke aktiv weiterempfehlen, zeigt dies, dass sie mit Ihrem Unternehmen zufrieden sind und Ihnen vertrauen. Positive Empfehlungen stärken Ihre Reputation und können dazu beitragen, dass auch andere Ihr Produkt oder Ihre Dienstleistung als vertrauenswürdige und kompetente Lösung für ihre Bedürfnisse wahrnehmen.

Investieren Sie in Empfehlungen

Die Leadgenerierung durch Empfehlungen ist eine kraftvolle Strategie, die Sie fördern sollten: Ermutigen Sie Ihre Kunden und Geschäftspartner aktiv dazu, Sie weiterzuempfehlen. Bieten Sie Anreize wie Rabatte, Belohnungen oder Empfehlungsprogramme an, um die Motivation zur Weiterempfehlung zu erhöhen. Stellen Sie sicher, dass Ihre Kunden zufrieden sind und pflegen Sie Ihre Geschäftsbeziehungen – auch, um das Vertrauen und die Bereitschaft zur Weiterempfehlung zu stärken.

Die Hintertür: Empfehlungen konkret über Vertriebspartner

Die Idee dieser Leadgenerierungsstrategie ist, dass man nicht nur einen potenziellen Endkunden gewinnt, sondern auch eine Partnerschaft aufbaut, um einen Kunden zu gewinnen. Dazu werten Sie Geschäftsberichte von großen Unternehmen aus. Oft sind diese Berichte öffentlich zugänglich und enthalten Informationen über deren Partner, den Sie dann mit in Ihre Akquise einbeziehen.

Ein Hintertür-Beispiel ist der IT-Partner des Unternehmens: Durch die Identifizierung des IT-Partners können Sie das Interesse des potenziellen Endkunden verstärken, indem Sie gezielte Maßnahmen ergreifen, um den IT-Partner einzubeziehen.

Durch eine intensive Zusammenarbeit mit dem IT-Partner kann das Interesse des Endkunden an den Produkten oder Dienstleistungen gesteigert werden. Dies kann durch gemeinsame Marketingaktivitäten, Schulungen oder Angebote speziell für den Endkunden erreicht werden. Gleichzeitig erhält der IT-Partner die Möglichkeit, an diesem Geschäft zu partizipieren und von einer erfolgreichen Zusammenarbeit zu profitieren.

Durch die Empfehlung Ihres Produkts oder Ihrer Dienstleistung durch den IT-Partner wird natürlich das Vertrauen des potenziellen Kunden gestärkt und die Wahrscheinlichkeit erhöht, dass er Ihr Unternehmen engagiert und so zu Ihrem zahlenden Kunden wird.

Fazit: Empfehlungen dringend empfohlen!

Empfehlungen, die aus einer Partnerschaft hervorgehen, sind ein stabiler und nachhaltiger Akquise-Weg. Achten Sie dabei darauf, dass eine solche Leadgenerierung auf Transparenz, Kooperation und gegenseitigem Nutzen basiert. Die Beziehung zum IT-Partner sollte auf Vertrauen und langfristiger Zusammenarbeit beruhen, um nachhaltige Erfolge zu erzielen.

NATIVES MARKETING: DAS BESTE MARKETING KOMMT EINEM NICHT WIE MARKETING VOR.

Die Aussage „Das beste Marketing kommt einem nicht wie Marketing vor" bezieht sich auf den Ansatz des sogenannten „nativen Marketings" oder "unaufdringlichen Marketings". Der Hintergrund ist, dass traditionelles, aufdringliches Marketing oft als störend oder lästig empfunden wird und potenzielle Kunden abschrecken kann. Wenn Marketing hingegen subtil und unauffällig in den Alltag integriert wird, entsteht ein positiverer Eindruck und eine größere Bereitschaft der Zielgruppe, sich mit den Botschaften auseinanderzusetzen.

Warum natives Marketing nicht wie Marketing wahrgenommen wird und hochwertige Leads verspricht, erklärt sich in 5 Punkten:

Wenn Marketingaktivitäten als natürlicher Bestandteil des Kontexts oder der Kommunikation wahrgenommen werden, wirken sie authentischer. Es wird spürbar, dass Sie echte Werte vermitteln und nicht nur versuchen, etwas zu verkaufen. Das schafft Vertrauen und erhöht die Glaubwürdigkeit der Botschaften.

Zudem sind Inhalte, die gut eingebettet werden, in der Regel gezielter und relevanter für die Zielgruppe. Anstatt allgemeine Werbebotschaften zu präsentieren, kann das Marketing auf die spezifischen Bedürfnisse, Interessen und Probleme der Zielgruppe eingehen. Dies führt zu einer höheren Akzeptanz und Resonanz der Marketingmaßnahmen.

Beim nativen Marketing wird sichergestellt, dass die User Experience nicht negativ beeinflusst wird. Traditionelle Werbeformate wie Pop-up-Anzeigen oder aufdringliche Banner können den User stören und dazu führen, dass er sich von der Botschaft abwendet. Durch die Integration des Marketings in den natürlichen Fluss der Interaktionen und Kommunikation wird eine angenehmere und nahtlosere Benutzererfahrung geschaffen.

Marketing, das nicht wie Marketing wirkt, hat ein größeres Potenzial, viral zu werden. Wenn Inhalte interessant, ansprechend und unaufdringlich sind, besteht eine höhere Wahrscheinlichkeit, dass sie von den Nutzern freiwillig geteilt und verbreitet werden. Mundpropaganda und das Teilen von Inhalten auf sozialen Medien sind mächtige Mechanismen, um eine größere Reichweite und Sichtbarkeit zu erzielen.

Natives Marketing fördert eine langfristige Kundenbindung. Wenn Kunden das Gefühl haben, dass ihre Bedürfnisse und Interessen respektiert werden und das Unternehmen ihnen einen echten Mehrwert bietet, sind sie eher bereit, langfristige Beziehungen aufzubauen und wiederholt auf die Marke zurückzugreifen.

Bleibt nur die Frage: Wie kreiert man Natives? Beim nativen Marketing funktioniert alles wie im echten Leben: Sie meinen es gut mit Ihren Kunden – Ihre Kunden finden Sie gut. Sie zeigen, welche wertvollen Produkte/Dienstleistungen/Wissen Sie haben – die anderen wollen dies auch. Was Sie dafür tun müssen ist, Ihre Marketingbemühungen so zu gestalten, dass sie auf natürliche Weise in den Alltag der Zielgruppe integriert werden und positive Assoziationen hervorrufen. Legen Sie den Fokus auf den Kundennutzen und bieten Sie relevante und ansprechende Inhalte an – in Podcasts zum Beispiel, die Ihre Kunden nebenbei anhören können oder in Webinaren. So kann auf natürliche Weise eine langfristige Kundenbindung entstehen.

VOM ZAUBER DER VERBINDUNG: NONVERBALE KOMMUNIKATION IM VERTRIEB UND DAS MINDSET ERFOLGREICHER LEAD-GENERATOREN

In der Welt der Kommunikation sind Worte nur ein kleiner Teil des Ganzen. Nonverbale Kommunikation spielt eine entscheidende Rolle im Verkauf. Vertrauen aufbauen, Sympathie wecken und Emotionen vermitteln – all dies geschieht durch Ihre Körpersprache und die Art und Weise, wie Sie sich präsentieren. Ein souveräner Verkauf erfordert jedoch auch ein starkes Mindset, das Selbstvertrauen, Resilienz und positives Denken fördert. Kombiniert mit großem Denken kann dies Ihre Erfolgschancen steigern und Ihr Wachstum im Vertrieb maximieren. Sehen Sie nachfolgend!

ALL YOU NEED IS NO NEED – DIE NONVERBALE KOMMUNIKATION

Kommunikation besteht nur zu 7 Prozent aus Worten, zu 38 Prozent aus der Stimme und zu 55 Prozent aus Körpersprache, so sagt es die Mehrabian-Formel. Diese Formel, entwickelt von Albert Mehrabian, analysiert Kommunikation in drei Hauptkomponenten:

Worte/ Verbal (7%), Stimme/ Vokal (38%) und Körpersprache/Non-Verbal (55%). Diese Formel betont den Einfluss dieser Faktoren auf die Art und Weise, wie Botschaften verstanden werden. Es wird allgemein und unabhänig von dieser Formel angenommen, dass nonverbale Kommunikation einen erheblichen Einfluss bei der Interaktion hat – und damit auch auf den Erfolg eines Verkaufs. Dies bedeutet jedoch nicht zwangsläufig, dass wirklich 93 Prozent des Verkaufsprozesses nicht auf die Inhalte des Gespräches zurückgehen.

In einem Verkaufsgespräch spielt die nonverbale Kommunikation aber in jedem Fall eine wichtige Rolle. Sie dient dazu, Vertrauen aufzubauen, Sympathie zu erzeugen, Emotionen zu vermitteln und die Überzeugungskraft zu steigern. Die Art und Weise, wie Sie sich als Verkäufer präsentieren, wie Sie Blickkontakt herstellen, Körperhaltung zeigen und reagieren, wird das Vertrauen und das Interesse Ihres potenziellen Kunden beeinflussen.

No pressure! Souverän an neue Leads

Die Aussage "All you need is no need" soll in diesem Zusammenhang verdeutlichen, dass in vielen Fällen der Verkaufsdruck bei Vertrieblern deutlich spürbar ist. Die Kommunikation zwischen Vertriebsmitarbeitern und potenziellen Kunden erfolgt also zu einem großen Teil nonverbal. In diesem Zusammenhang stellt sich heraus, dass Vertriebler, die nicht ausschließlich von Provisionen abhängig sind (also keinen enormen Verkaufsdruck haben), oft zu den erfolgreichsten zählen. Der Fokus liegt dann nämlich auf einer partnerschaftlichen Zusammenarbeit mit den Kunden und der Erfüllung derer Bedürfnisse, anstatt lediglich den Verkaufsabschluss zu forcieren. Das spüren die Kunden und kaufen.

Es ist jedoch wichtig anzumerken, dass nonverbale Kommunikation allein nicht ausreicht, um einen erfolgreichen Verkauf zu gewährleisten. Verbale Kommunikation, wie die Fähigkeit, die Vorteile eines Produkts oder einer Dienstleistung zu erklären, Fragen zu beantworten und eine effektive Argumentation aufzubauen, spielt ebenfalls eine entscheidende Rolle.

Fazit: Bewusst kommunizieren auf allen Ebenen

Ihre Körpersprache und Ihre innere Haltung wirken enorm auf Ihren potenziellen Kunden. Dieser nonverbale Anteil eines Verkaufsgesprächs kann jedoch je nach Situation variieren. Daher ist es ratsam, sowohl die nonverbale als auch die verbale Kommunikation bewusst einzusetzen, um die bestmögliche Wirkung zu erzielen und eine erfolgreiche Verkaufsinteraktion zu fördern.

DAS MINDSET ERFOLGLEICHER LEAD-GENERATOREN.

Das Mindset eines Menschen wird bestimmt durch seine Einstellung, Überzeugungen und Denkmuster. Es beeinflusst ihn und wirkt sich auf sein Handeln aus. Damit hat das Mindset klar auch eine entscheidende Rolle im Agieren als Vertriebler: Sind Sie überzeugt von Ihrem Produkt, vom Gelingen des aktuellen

Verkaufs – letztlich überzeugt von sich selbst? Erlaube ich mir als Vertriebler, viele wertvolle Kontakte zu machen und auf die „ganz Großen“ zuzugehen?

Das Mindset trägt zum Unterschied zwischen Erfolg und Misserfolg bei. Denn ein positives und starkes Mindset fördert Selbstvertrauen, Resilienz, positives Denken, Lernbereitschaft und prägt die Fähigkeit, auf Kunden zuzugehen.

Diese wichtigsten Aspekte eines stabilen Mindsets halte ich für besonders wertvoll und erläutere sie Ihnen hier nochmals im Detail:

Selbstvertrauen

Ein positives und selbstbewusstes Mindset ermöglicht es Ihnen, mit Zuversicht aufzutreten und die Herausforderungen des Verkaufsprozesses anzugehen. Selbstvertrauen ist wichtig, um Kunden zu überzeugen, Hindernisse zu überwinden und effektiv zu kommunizieren.

Resilienz

Ablehnung, Rückschläge und Herausforderungen gehören zum Alltag eines Vertrieblers. Resilienz und ein starkes Mindset sind Ihre Ressourcen, um sich von Misserfolgen zu erholen, motiviert zu bleiben und aus Fehlern zu lernen. Auch in schwierigen Situationen wollen Sie weitermachen: dafür ist eine positive Einstellung und die Bereitschaft, sich den Herausforderungen zu stellen wichtig.

Kundenorientierung

Mit einem kundenorientierten Mindset sind Sie Ihren Kunden zugewandt: Sie sind in der Lage, Beziehungen aufzubauen, Vertrauen zu gewinnen und Lösungen anzubieten, die die Wünsche und Bedürfnisse Ihrer Kunden beantworten. Und noch mehr: Sie setzen Ihre Kunden in den Mittelpunkt Ihres Handelns und suchen fokussiert nach Möglichkeiten, deren Bedürfnisse und Erwartungen sogar zu übertreffen.

Positives Denken

Wie überwinden Sie negative Gedanken und Selbstzweifel? Positive Gedanken helfen Ihnen dabei, sich auf Möglichkeiten zu konzentrieren, anstatt sich von Hindernissen entmutigen zu lassen. Ein positiver Denkansatz kann die Motivation steigern und unterstützt Sie dabei, Ihre Ziele zu erreichen. Zum „großen Denken" komme ich im nächsten Absatz.

Lernbereitschaft

Im Vertriebsalltag verändern sich die Anforderungen ständig. Offenheit und Beweglichkeit sind entscheidend, um sich dem Wandel anzupassen und kontinuierlich neue Fähigkeiten zu entwickeln. Die Bereitschaft, sich weiterzubilden, Feedback anzunehmen und es positiv umzusetzen, ermöglicht es Ihnen, Ihre Leistung zu optimieren und erfolgreicher zu werden.

Think big – Wachsen Sie über sich selbst hinaus

Es ist wichtig, ein starkes und zuversichtliches Mindset kontinuierlich zu pflegen, um im Verkaufsumfeld erfolgreich (und zufrieden) zu sein.

Lassen Sie uns noch einen Schritt weiter gehen: Denken Sie sich größer! Das Mindset "groß zu denken" bedeutet, sich große Ziele zu setzen, über Grenzen hinauszudenken und den Mut zu haben, ambitionierte Maßnahmen zu ergreifen. Das motiviert, treibt an und schenkt Ihnen die nötige Energie und Leidenschaft, um außergewöhnliche Leistungen zu erbringen.

Weitere Top 3 Erfolge, die Sie durch „großes Denken" erreichen:

Innovatives Denken

Indem Sie groß denken, öffnen Sie sich für Innovationen und kreative Lösungen, mit denen Sie Ihre Kunden begeistern können. Erfolg lässt sich auch durch Risikobereitschaft steigern – Ihr Handeln hebt sich garantiert von der Konkurrenz ab.

Die Bremse lösen

Die meisten Menschen haben bestimmte Überzeugungen oder Selbstzweifel, die ihr Potenzial einschränken. Besonders im Vertrieb ist es wichtig, diese limitierenden Überzeugungen zu überwinden. Großes Denken wird Sie ermutigen, an Ihre

Fähigkeiten zu glauben, sie zu erweitern – und über sich selbst hinauszuwachsen.

Anziehungs- und Strahlkraft

Erfolg zieht Erfolge an: Wenn Sie sich große Ziele setzen und sich auf positive Ergebnisse fokussieren, strahlen Sie Selbstsicherheit und positive Energie aus, die anziehend wirkt. Das wird auch neue Kunden, Geschäftsmöglichkeiten und Partnerschaften anziehen.

Fazit: Erfolgreicher werden – realistisch bleiben.

Ein starkes Mindset und großes Denken sollten Sie nicht dazu verführen, unrealistische oder unerreichbare Ziele zu verfolgen. Es geht darum, Ihr Potenzial bzw. das Potenzial einer Verkaufssituation zu erkennen und Chancen zu ergreifen. Ihr Denken soll Ihnen neue Horizonte eröffnen und Sie dazu antreiben, über Ihre Grenzen hinauszugehen und immer Spitzenleistung anzustreben. So kann es auf gesunde Weise Ihr Wachstum nachhaltig fördern und den Vertriebserfolg maximieren.

KAPITEL 8

ABSCHLUSSTIPPS: EMOTIONEN, WANDEL & WEITBLICK UND EINE ASSOZIATION MIT ÖFFENTLICHEN TOILETTEN

Ich möchte folgende Themen zum Abschluss nochmal besonders hervorheben:

Wir beginnen mit "Emotionale Intelligenz im Berufsnetzwerk", wo wir die erstaunliche Welt der Emotionen in einem scheinbar nüchternen Geschäftsumfeld wie LinkedIn erkunden. Sie werden verstehen, warum emotionale Posts auf dieser Plattform so erfolgreich sind und wie sie echte Verbindungen schaffen.
Anschließend tauchen wir in "Vertriebsentwicklung - Der Ansatz hat sich geändert" ein. Hier beleuchten wir den Wandel vom schlichten Produktverkauf hin zu proaktiven Lösungsansätzen und der Inspiration von Kunden. Moderne Vertriebsstrategien zielen auf langfristige Partnerschaften ab, die auf gemeinsamen Visionen beruhen.

Abschließend richten wir unsere Aufmerksamkeit auf "Die Sauberkeit der Netiquette: Warum Höflichkeit nicht aus der Mode kommt". In einer Zeit, in der Positivität und Höflichkeit seltener zu werden scheinen, zeigen wir die anhaltende Bedeutung dieser Qualitäten in unserer digitalen Gesellschaft.

Hier finden Sie abschließende Inspirationen bzw. meinen Hauptfokus in der heutigen Vertriebswelt.

EMOTIONALE INTELLIGENZ IM BERUFSNETZWERK

Fragt man erfolgreiche LinkedIn Influencer nach Ihrem Erfolgsgeheimnissen, wird oft das Posten von intelligenten oder emotionalen Posts genannt. Intelligent will sich beruflich jeder fühlen und die Masse an Selbstdarstellern auf LinkedIn habe ich genannt. Aber warum Emotionen?

LinkedIn, als Plattform für berufliche Netzwerke und geschäftliche Interaktionen, mag auf den ersten Blick nicht der offensichtlichste Ort für emotionale Posts sein. Dennoch sind genau solche Posts oft überraschend erfolgreich. Warum? Weil sie eine wichtige Facette der menschlichen Natur ansprechen – unsere Emotionen und unser Bedürfnis nach menschlicher Verbindung, selbst in einem beruflichen Kontext.

Emotionale Posts auf LinkedIn bieten eine Möglichkeit, sich von der rein geschäftlichen Seite zu lösen und eine persönliche, menschliche Ebene zu erreichen. Sie erzählen Geschichten, die tiefer gehen als bloße Fakten und Daten. Durch das Teilen von

Emotionen, sei es Freude über berufliche Meilensteine, Frustrationen über Hindernisse oder sogar Erzählungen von persönlichen Rückschlägen, öffnen sich Menschen für ihre Netzwerke.

In der Welt der Geschäftsanbahnung und beruflichen Vernetzung geht es letztlich um Vertrauen und Beziehungen. Emotionale Posts ermöglichen es, eine Verbindung zu anderen herzustellen, indem sie Erfahrungen teilen, die andere vielleicht durchgemacht haben oder verstehen können. Authentizität wird zu einer wertvollen Währung, da sie zeigt, dass hinter den professionellen Titeln echte Menschen stehen.

Diese Posts regen zum Nachdenken an, fördern Diskussionen und laden zur Interaktion ein. Menschen können ihre eigenen Geschichten und Gedanken teilen, was zu lebhaften Gesprächen führt. Die Kommentarspalten werden zu einem Ort des Austauschs von Ideen, Meinungen und Unterstützung.

Emotionale Posts können auch berufliche Entwicklung und Soft Skills betonen. Das Teilen von Herausforderungen und Rückschlägen zeigt nicht nur Authentizität, sondern auch die Fähigkeit zur Resilienz und zum Umgang mit Veränderungen. Andere können von diesen Erfahrungen lernen und sich inspirieren lassen.

In einer Welt, die oft von Kaltakquise und Verkaufstaktiken geprägt ist, können emotionale Posts auf LinkedIn eine erfrischende Alternative sein. Sie erinnern uns daran, dass selbst in einem professionellen Umfeld echte Verbindungen entstehen können –

Verbindungen, die auf gemeinsamen Emotionen, Erfahrungen und Zielen basieren. Und so tragen sie dazu bei, die soziale und menschliche Seite der Geschäftswelt zu beleuchten und zu stärken.

VERTRIEBSENTWICKLUNG - DER ANSATZ HAT SICH GEÄNDERT

Die Entwicklung des Vertriebsansatzes zeigt einen Übergang von reinem Produktverkauf hin zu einem proaktiven Lösungsansatz. Früher lag der Schwerpunkt des Vertriebs auf der Präsentation von Produkten und der Hervorhebung ihrer Merkmale, um Kunden zum Kauf zu bewegen.

Mit der Zeit hat sich der Fokus auf die Problemlösung verlagert. Vertriebsmitarbeiter begannen, sich auf die individuellen Bedürfnisse der Kunden zu konzentrieren und maßgeschneiderte Lösungen anzubieten, um deren Herausforderungen zu bewältigen.

In der heutigen Zeit hat sich der Vertrieb weiterentwickelt, um Kunden zu inspirieren. Es geht darum, sie dazu zu ermutigen, über ihre aktuellen Bedürfnisse hinauszublicken und sich vorzustellen, wie ein Produkt oder eine Dienstleistung ihre zukünftigen Ziele und Träume unterstützen kann.

Ein fortschrittlicher Schritt in dieser Entwicklung ist die Fähigkeit des Vertriebs, Kunden zur wichtigen Frage zu führen: "Wo sehen

Sie Ihr Unternehmen in 5 Jahren, wenn Sie unser Produkt nutzen?" Diese Frage regt Kunden an, über ihre langfristigen Ziele nachzudenken und wie das Angebot des Unternehmens dazu beitragen kann, diese Ziele zu erreichen. Sie lenkt die Aufmerksamkeit auf das Potenzial des Produkts, eine Schlüsselrolle in der Zukunft des Kunden zu spielen.

Insgesamt spiegelt dieser Wandel eine Verschiebung von einer rein transaktionalen Beziehung zu einer partnerschaftlichen und inspirierenden Verbindung zwischen Unternehmen und Kunden wider. Der moderne Vertriebsansatz strebt danach, nicht nur Lösungen anzubieten, sondern auch langfristige Partnerschaften zu schaffen, die auf gemeinsamen Zielen und Visionen basieren.

DIE SAUBERKEIT DER NETIQUETTE: WARUM HÖFLICHKEIT NICHT AUS DER MODE KOMMT

Ich habe lange überlegt auch über Positivität, Offenheit und Charme zu schreiben... Laut Deutscher Depressionshilfe ist die Allgemeinbevölkerung nach Corona so belastet mit Depressionen wie nie zuvor. Und es fällt auf, dass Positivität und Freundlichkeit selten geworden ist.

Positivität und Charme üben eine starke Anziehungskraft aus, da sie auf grundlegende menschliche Bedürfnisse nach positiven

Emotionen, sozialer Verbundenheit und Wohlbefinden ansprechen. Positivität strahlt Optimismus und Freude aus, was andere Menschen anzieht, da sie sich in einer positiven Umgebung wohler und sicherer fühlen. Charme, oft von charismatischer Ausstrahlung begleitet, verleiht einer Person eine besondere Anziehungskraft, die andere fasziniert und ihnen das Gefühl gibt, geschätzt und respektiert zu werden. Diese Qualitäten schaffen eine angenehme Interaktionsebene, fördern Vertrauen und bauen eine starke emotionale Bindung zwischen Menschen auf, was die anziehende Wirkung von Positivität und Charme erklärt.

Mein Papa hat auch immer gesagt: "wenn du was wissen willst, geh hin und frage freundlich. Mir wurde damit immer geholfen." Jemanden direkt anzusprechen ist selten geworden durch unsere digitale Welt. Diese Einfachheit und die Direktheit haben mir am meisten gebracht. Genau, ehrlich und höflich zu sagen, was man möchte, gepaart mit Authentizität, ist meine Abschlussempfehlung.

Wie gesagt habe ich mir den Kopf zerbrochen über diesen vermeintlichen Gemeinplatz zu schreiben. Aber es ist wie der Versuch, öffentliche Toiletten sauber zu halten. Im Grunde sollte das jeder hinkriegen, oder? Doch wenn man die Realität betritt, zeigt sich, dass für so manchen die ganze Kloputz-Geschichte ein Mysterium zu sein scheint! Deswegen habe ich das Kapitel sicherheitshalber nun doch reingenommen.

FINAL: VIELEN DANK – VIEL FREUDE UND ERFOLG.

Herzlichen Glückwunsch zum Abschluss dieses Buches über Leadgenerierung. Sie haben nun Einblick in viele bewährte Vertriebsansätze erhalten!

Dieses Buch über Leadgenerierung ist das Ergebnis meiner Leidenschaft für den Vertrieb und meinem Wunsch, anderen dabei zu helfen, ihre Ziele zu erreichen. Es ist ein praktischer Leitfaden, der konkrete Handlungsempfehlungen, bewährte Strategien und hilfreiche Tipps zur Optimierung der Leadgenerierung bietet. Mein Ziel ist es, Zeit zu sparen, bei der Entwicklung neuer Kontakte zu unterstützen und als Katalysator für weitere Vertriebsmöglichkeiten zu dienen.

Ich bin überzeugt davon, dass dieses Buch vielen Menschen als wertvolle Ressource dienen wird und ihnen helfen wird, ihre Vertriebserfolge zu steigern. Denken Sie daran, dass der Schlüssel darin besteht, die vorgestellten Methoden und Strategien im Kontext Ihrer Unternehmensphilosophie und Werteeinstellung zu interpretieren und anzupassen. So können Sie die besten Ergebnisse erzielen und gleichzeitig die Integrität Ihres Unternehmens wahren.

Go for it!

Sie wissen bestimmt, wie herausfordernd die Kaltakquise sein kann, aber auch wie unterhaltsam und lohnend Begegnungen sein können. Inmitten der Ablehnungen verbergen sich immer wieder wahre Diamanten. Lassen Sie sich von den Herausforderungen nicht entmutigen. Halten Sie den Humor hoch und genießen Sie die amüsanten Momente, die Ihnen auf Ihrer (Vertriebs-)Reise begegnen. Jeder Schritt bringt Sie näher zum Erfolg.

Vielen Dank, dass Sie dieses Buch begleitet haben. Mögen Sie stets mit Freude und Entschlossenheit neue Leadgenerierungswege erkunden. Auf zu neuen Begegnungen und glänzenden Erfolgen!

DANKSAGUNG

… an meinen tollen Mann David Schwarz, Kathrin Schmoll, Maria Huber, Marc Buse, Stephan Breideneich, ChatGPT, Anna Bardelmeier, Simon Tschuertz für euren Input, euer Feedback und eure Unterstützung.

… auch an meine wunderbaren Eltern,

ihr seid die perfekte Mischung aus Abenteuer und Stabilität, aus Flexibilität und Präzision. Ihr habt mir gezeigt, dass es im Leben Raum für verschiedene Ansätze gibt.

Papa, danke, dass du mir gelehrt hast, dass nicht immer alles so genau genommen werden muss. "Es ist alles erlaubt. Man darf sich nur nicht erwischen lassen", hast du mir oft schmunzelnd gesagt. Du hast mir vor Augen geführt, wie wichtig es ist, über den Tellerrand hinauszuschauen und mutig zu sein. Deine Freiheitsliebe und dein unkonventioneller Geist haben mich ermutigt, das Leben mit Leichtigkeit und Humor anzugehen.

Mama, du bist der Fels in unserer Familie, immer akkurat, pünktlich und ehrlich. Du hast mir gezeigt, wie wichtig es ist, auf Details zu achten und Verantwortung zu übernehmen. Mit deiner Genauigkeit und Sorgfalt hast du mir vermittelt, dass Präzision und Ehrlichkeit die Grundlagen für ein erfolgreiches und erfülltes Leben sind.

Eure Unterschiede haben mich gelehrt, dass Vielfalt und Individualität wertvoll sind und dass es wichtig ist, den eigenen Weg zu finden.

Danke, dass ihr mich mit eurer Liebe, eurem Rat und eurem unerschütterlichen Zusammenhalt durch das Leben begleitet habt.

In Liebe und Dankbarkeit,
Eure Eva

Printed in Poland
by Amazon Fulfillment
Poland Sp. z o.o., Wrocław

32766593R00092